Tolle Zaubertricks für Kinder

Kinder

Zaubern lernen - leicht gemacht

Susanne Rennert

3

Bibliografische Information der Deutschen Nationalbibliothek:
Die Deutsche Nationalbibliothek verzeichnet diese Publikation
in der Deutschen Nationalbibliografie; detaillierte Daten sind
im Internet über http://dnb.dnb.de abrufbar.

www.die-zauberkiste.de

© 2020 Susanne Rennert
Eisenbahnweg 27
34128 Kassel
Illustrationen: Susanne Rennert
Fotos: Martina Sherman, Susanne Rennert,
S 51 Pixabay
Cover: Heike Georgi

Herstellung und Verlag
BoD - Books on Demand, Norderstedt
ISBN 978-375-196-7723

Inhalt

7

Vorwort

Als Kind war ich schon fasziniert einen Zauberer zu sehen. Ich war begeistert, wie er all die bunten Tücher erscheinen und verschwinden lassen konnte.

Das waren Tricks, sagte man mir. Aber ich konnte mir das beim besten Willen nicht erklären, wie das geht.

Mich ließ der Gedanke nicht los das selbst lernen zu wollen. So bekam ich meinen ersten Zauberkasten mit 9 Jahren.

Als ich älter wurde, lernte ich Theater zu spielen und spielte bei einem Tourneetheater mit.

Nebenbei lernte ich Zaubertricks und übte sie ein.

Ich entdeckte einen Zauberladen in Berlin. Da entschied ich mich meine ersten Zauberauftritte zu geben.

Nach meinem Studium als Sozialpädagogin, gab ich Zauberkurse für Kinder. Das tat ich 10 Jahre lang. Es machte so viel Spaß, dass ich mir überlegte, mein Wissen in Büchern weiterzugeben. So entstand dieses Zauberbuch, in dem ich alle meine Erfahrungen von meinen Zauberkursen niederschrieb, damit du ebenfalls Zauberauftritte geben kannst.

Dieses Buch ist eine Neuauflage des Buches „Die Zauberwerkstatt für Kinder". Die besten Tricks wurden daraus übernommen.

Ich wünsche dir viel Spaß und Erfolg

Susanne Rennert

Die drei goldenen Regeln beim Zaubern

Zur Grundausstattung eines Zauberers gehört das Befolgen der drei wichtigsten Regeln.

1. Ein Zauberer darf niemals einen Trick an Freunde, Eltern oder Verwandte verraten.

2. Jeder Trick darf nur einmal vor demselben Publikum gezeigt werden. Beim ersten Mal schaut das Publikum, WAS man macht. Beim zweiten Mal schauen die Zuschauer, WIE man es macht und können daher leichter das Trickgeheimnis erkennen.

3. Jeder Trick muss genau eingeübt werden, bevor man ihn vorführt. Bei allem was man sagt oder zeigt, muss man sich absolut sicher fühlen. Am besten ist es, vor einem Spiegel zu üben.

1. Zaubertricks

Durch eine Postkarte kriechen

Bei diesem Trick handelt es sich um ein Rätsel. Die Postkarte muss mit der Schere so beschnitten werden, dass du hindurchkriechen kannst. Es kommt auf die Art des Schneidens an.

<u>Materialien:</u>
Schere, Papier in der Größe einer Postkarte 15 cm x 10 cm (Din A 6)

1. Das Papier wird in der Mitte der Längsseite zusammengefaltet.

2. Nun wird das Papier abwechselnd an den beiden kurzen Seiten eingeschnitten. Beginne auf der Seite, an der sich die Falte befindet, ca. 1 cm von dem Rand entfernt. In einem Abstand von 0,5 cm schneide das Papier

ein. Die Schnitte sollen 1 cm vor dem Ende aufhören. Das hört sich kompliziert an, ist es aber nicht. In der Abbildung siehst du, wie es gemacht wird.

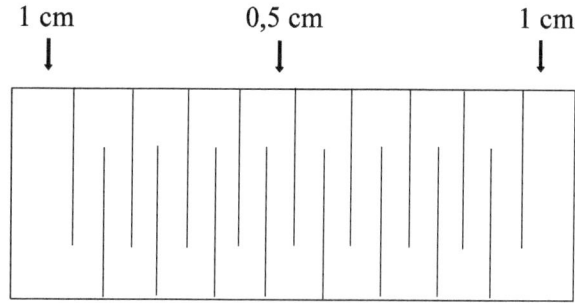

3. Das Papier wird wieder auseinandergefaltet. Es besteht nun aus mehreren aneinanderhängenden Papierstreifen. In der Mitte befindet sich die Falte.

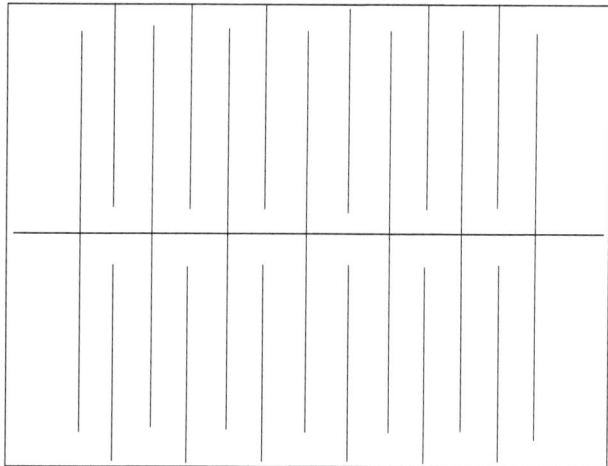

Zuletzt wird die Falte in der Mitte geschnitten, ohne die beiden Endstücke. Es wird also nur die fettgedruckte

Linie ausgeschnitten.

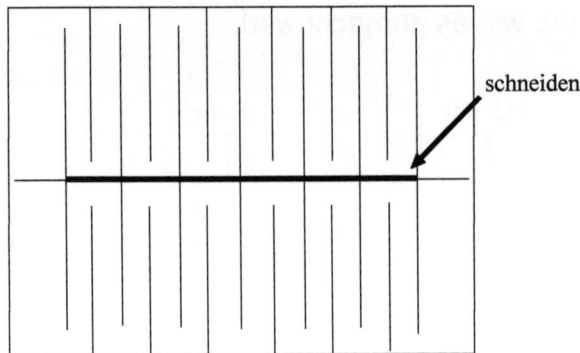

schneiden

Es entsteht ein langer Kreis aus Papier, durch den du locker durchsteigen kannst.

Die 3 magischen Ringe

Materialien:
Schere, Kleber, 3 Papierstreifen (jeder ca. 1,20 m lang)

Vorbereitung:
Nimm 3 Papierstreifen. Sie lassen sich aus Zeitungspapier herstellen.
Von dem ersten Streifen werden die beiden Enden zusammengeklebt, so dass ein Ring entsteht.

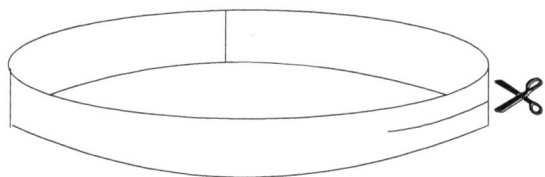

Der zweite Streifen wird einmal um sich selbst gedreht, bevor man die Enden zusammenklebt.

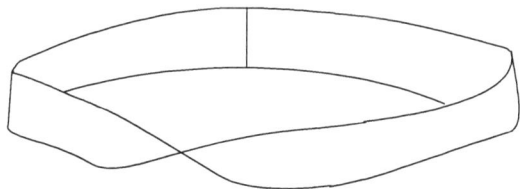

Den dritten Streifen drehe zweimal bevor du ihn verklebst.

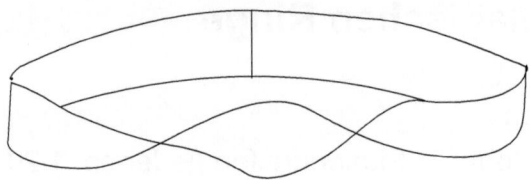

<u>Vorführung:</u>

Diese Ringe sind nun bereit zum Vorführen. Aus dem Publikum werden drei Assistenten gewählt, die du zu dir auf die Spielfläche bittest. Jedem Assistenten überreiche einen Ring und eine Schere. Hierzu nimm den Streifen in die Hände, so dass der Ring schön nach unten fällt. Sogleich wird der Ring der Länge nach in der Mitte aufgeschnitten.

Aus dem ersten Ring entstehen logischerweise 2 Ringe. Aus dem einmal gedrehten Ring wird ein riesengroßer und der Zweimalgedrehte zerfällt zu zwei kleinen, ineinander hängenden Ringen. Die Assistenten dürfen sich wieder setzen.

Übrigens: Das Phänomen der Bänder ist in der Wissenschaft schon lange als „Möbiusband" bekannt.

Verwandlung eines Tuches in einen Ball

Materialien:
Schere, Tischtennisball, ein Tuch aus z.B. Seide. Es kann aber auch aus sehr dünnem Material wie Taftstoff bestehen, welches sich sehr klein zusammenknautschen lässt, ca. 25 cm x 25 cm.

Vorführung:
Tritt auf die Bühne und stelle dich vor. Halte ein Tuch in deiner Hand und stopfe es mit der anderen ' hinein (vom Zuschauer aus gesehen).

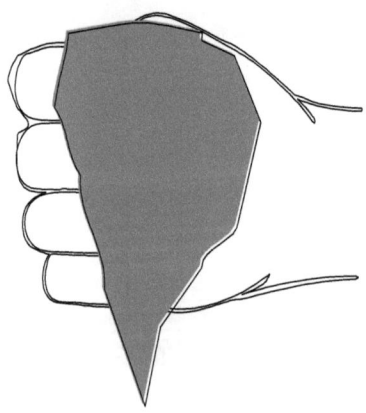

Ist es in deiner Hand verschwunden, mache mit der anderen eine magische Bewegung und sprich einen Zauberspruch, z.B. Hokus-Pokus-Fidibus, dreimal schwarzer Kater.

Die Hand wird geöffnet und das Tuch hat sich in einen Tischtennisball verwandelt.

Natürlich steckt der Ball von Anfang an in der Hand. Allerdings wurde er vorher etwas präpariert. Mit einer spitzen Schere wird ein Loch hineingeschnitten, das so groß ist, dass der Daumen gut hineinpasst und du ein Tuch hineinstopfen kannst.

Wenn du auf die Bühne trittst, hast du bereits den Ball in deiner Hand "palmiert". Palmieren bedeutet einen Gegenstand in seiner Hand so zu halten, ohne dass die Zuschauer ihn entdecken oder erahnen können. Palmiert wird der Ball in der inneren Handfläche, in der sogenannten Handpalme.

Der Handrücken ist hierbei zum Publikum gewendet. Das Tuch hängt über den Handrücken. Ein Zipfel des Tuches steckt bereits in dem Loch des Balles. Fixiert wird alles mit dem Daumen. Die Finger sind geschlossen. Es darf keine Lücke entstehen, durch die der Ball sichtbar wäre.

Nun wird das Tuch in den Ball gestopft, bis es verschwunden ist. Die Finger der anderen Hand werden auf das Loch gelegt, um die Öffnung zu verdecken. Der

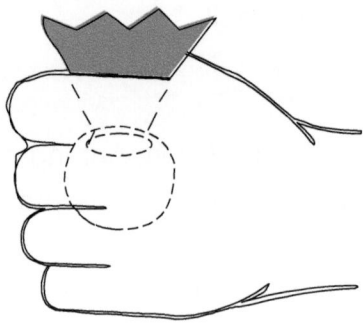

Ball wird gezeigt, sodass das Loch von den Zuschauern abgewendet ist. Der Zauberer verbeugt sich und empfängt seinen Applaus.

Vorgeführt werden kann der Trick, indem du z.B. erzählst was du machst. Dabei solltest du darauf achten, dass du nicht verrätst, was du vorhast. Es ist unklug zu sagen, dass du dieses Tuch in einen Ball verwandeln willst. Die Zuschauer achten nämlich darauf, wo der Ball herkommt. Es reicht, wenn du die Bewegungen erläuterst, die du gerade ausführst.

Es ist vorteilhaft, das Publikum aktiv am Geschehen teilhaben zu lassen und es mit ein zu beziehen. Das könnte passieren, indem du etwas Zauberpuste brauchst und das Publikum pusten muss. Darauf werde ich zu einem späteren Zeitpunkt noch näher eingehen.

Um deine Darstellung aus deiner Sicht zu verfolgen, ist es möglich dich vor einen Spiegel zu stellen und deine Handlungen zu beobachten.

Die magische Cocktailbar

4 Gläser werden mit Wasser gefüllt und das Wasser wird farbig gezaubert.

<u>Materialien:</u>
Tisch, 4 Gläser, Glaskrug mit Wasser, 4 Lebensmittelfarben

<u>Vorführung:</u>
"Guten Tag, mein sehr verehrtes Publikum. Ich bin Zauberer Pepito von der Cocktailbar. Ich zeige Euch heute meinen magischen Cocktail. Aber das wird nicht ein Cocktail, auch nicht zwei Cocktails, sondern vier Cocktails (nimmt ein Glas in die Hand, den Krug in die andere).

Zuerst zaubere ich aus diesem Wasser einen Bananensaft (schütte das Wasser in das Glas. Es wird gelb).
Das zweite Glas wird zu Waldmeistersaft (schütte das Wasser hinein und es wird grün, wiederholt es noch zweimal).

Aus dem dritten entsteht Kirschsaft (es wird rot). Das vierte verwandelt sich in Heidelbeersaft (es wird blau). Ihr seht, ich zaubere aus 4 verschiedenen Gläsern mit Wasser 4 verschiedene Cocktails.
Das war meine magische Cocktailbar (verbeug dich).

Erklärung:

In den Gläsern wird vor der Aufführung je ein Tropfen Lebensmittelfarbe gegeben, die du in jedem Lebensmittelladen erwerben kannst. Damit die Farbtropfen nicht schon vorher zu sehen sind, nimm Gläser mit einem dicken Boden. Nimm sie in die Hand, verdecke den Boden des Glases, damit die Farbe nicht durchschimmert.

Tipp:

Um die Zuschauer miteinzubeziehen, frage ob jemand einen Zauberspruch weiß. Die Kinder antworten gerne und sind besonders stolz, wenn der Trick durch ihre Mithilfe funktioniert. Bitte das Publikum, den Zauberspruch gemeinsam zu sprechen.

Zaubersprüche

Damit ein Zaubertrick gelingt, sprich einen Zauberspruch dazu.

Altbekannte Zaubersprüche sind:
- Hokus-Pokus-Fidibus,
- dreimal schwarzer Kater
- Simsalabim
- Abrakadabra

In einer meiner Vorstellungen rief ein Kind mir folgenden Spruch zu:
"Hokus-Pokus-Affenplunder, aufgepasst ein Zauberwunder."

Das Publikum war sichtlich erheitert, welches ein Pluspunkt für jeden Darsteller bedeutet.
Was ist eigentlich ein Fidibus? Bereits Wilhelm Busch erwähnte ihn in seinem bekannten Werk "Max und Moritz", den Fidibus. Die wenigsten wissen, was das eigentlich bedeutet. Sogar im Lexikon wird er beschrieben. Der Begriff stammt aus einer Zeit, als wir alle noch nicht auf der Welt waren.
Es handelt sich um einen Holzspan oder einen zusammengeknautschten Papierstreifen, der zum Feuer oder Pfeife anzünden benutzt wurde.

Der steigende Zauberstab

Bei diesem Trick fängt der Zauberstab an zu schweben. Du kannst ihn entweder alleine vorführen oder zu zweit.

Materialien:
Der gebastelte Zauberstab, ca. 60 cm langer, dünner fast unsichtbarer Faden, z.B. Angelschnur, eine 0,33 l durchsichtige Flasche, eine Schere, eine Büroklammer, ein Tisch, eine Heftzwecke.

Erklärung:
Darsteller A, der Zauberer, kommt auf die Bühne. In der Hand hält er eine Flasche, die er auf den Tisch stellt. An dem schwarzen Ende des Zauberstabes ist eine Heftzwecke angebracht, die ebenfalls schwarz angemalt ist. Um die Heftzwecke ist der dünne, unsichtbare Zauberfaden geknotet.

Heftzwecke

Büroklammer

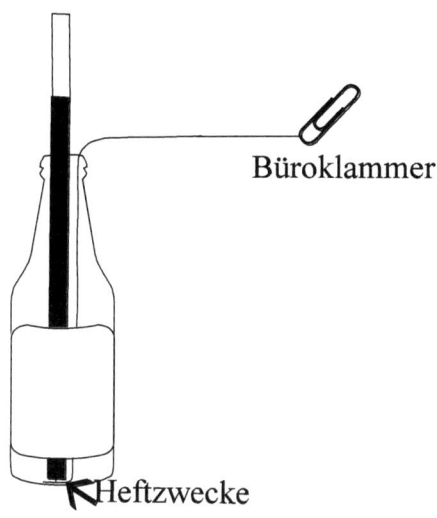

Büroklammer

Heftzwecke

Am anderen Ende des Fadens ist die Büroklammer geknotet.

Das schwarze Ende des Zauberstabes steht in der Flasche. Der Faden liegt am Zauberstab an und schaut
oben aus der Flasche heraus. Die Büroklammer ist an
der Hose oder am Gürtel des Zauberers befestigt. Achtung! Es darf kein Pullover darüber hängen.

Vorführung:

Darsteller A: Ich bin Zauberer Merlin und zeige Euch ei-
ne große Sensation (er hält seine Hand in ca. 20 cm Ab-
stand über dem Zauberstab. Der Faden ist gespannt.
Der linke Fuß steht ein Schritt vor dem rechten Fuß.
Wippt er leicht nach hinten, nimmt die Spannung des
Fadens zu, und der Zauberstab steigt in die Höhe. Die
Hand bewegt sich parallel nach oben. Die Zuschauer

sollen denken, es bestünde eine Verbindung zwischen Hand und Zauberstab, wobei es sich z.B. um einen Faden handeln könnte. Wippt der Zauberer langsam nach vorne, lässt die Spannung nach und der Zauberstab sinkt wieder in die Flasche zurück. Genauso senkt sich die Hand. Das Wippen ist von den Zuschauern nicht wahrnehmbar).

Ihr seht meinen steigenden Zauberstab (er wiederholt das Steigen einige Male).

Darsteller B: (Hat sich halb kniend in etwas Entfernung postiert und beobachtet das Treiben von seinem Kameraden. Beim dritten Steigenlassen des Zauberstabes schaltet er sich ein.)

(Energisch) Halt! Stopp! Das geht nicht mit rechten Dingen zu. Das ist doch reiner Schwindel. Den werde ich beenden. (In der einen Hand hält er sichtbar eine Schere. Damit schneidet er, als der Zauberstab sich in der Höhe befindet, die scheinbare Verbindung zwischen Hand und Zauberstab durch.)

Darsteller A: (Versucht ihn abzuwehren, ist geschockt, schafft es aber nicht. Er bewegt sich nach vorne, wenn Darsteller B schneidet, so dass der Zauberstab von oben in die Flasche fällt.) Was willst Du denn hier? Du störst meine Vorstellung. Lass das. Nimm die Schere weg.

(Wenn der angebliche Faden durchtrennt ist, beruhigt er sich wieder). Aber na ja, dann hilft nur noch richtige Magie (er hält die Hand wieder über den Stab, schnippt mit den Fingern der anderen Hand und lässt den Zauberstab steigen und sinken. Er nimmt die Schere und zeigt, dass keine Fäden vorhanden sind). Siehst du? Ich schneide mit der Schere und der Zauberstab schwebt trotzdem.

Darsteller B: Oh das kann ich auch (hält seine Hand über den Stab und führt sie nach oben). Der Zauberstab steigt höher und höher und höher (es passiert nichts).

Darsteller A: Probiere es jetzt einmal (er schnippt mit den Fingern).

Darsteller B: (Er probiert es und der Zauberstab steigt jetzt. Er lässt ihn wieder sinken.)

Darsteller A: Früher hat man dazu eine unsichtbare Kurbel genommen (nimmt eine unsichtbare Kurbel vom Tisch, steckt sie an die Flasche und kurbelt. Der Stab hebt sich. Er kurbelt in die andere Richtung und der Stab senkt sich wieder. Er zieht die Kurbel ab und legt sie wieder auf den Tisch).

Darsteller B: Das kann ich auch.

Darsteller A: Probiere es (gibt ihm die Kurbel).

Darsteller B: (Steckt die Kurbel an die Flasche. Er kurbelt vor und zurück, aber es passiert nichts.)

Darsteller A: (Schnippt mit den Fingern) Probiere es jetzt noch mal.

Darsteller B: (Kurbelt wieder. Darsteller A geht zurück. Der Zauberstab hebt sich. Darsteller A geht nach vorne. Darsteller B kurbelt in die andere Richtung und der Zauberstab senkt sich.

Diese Bewegungen müssen genau synchron ablaufen, damit es gut aussieht).

Darsteller A: (Zieht die Kurbel ab, beide verbeugen sich. Durch das Verbeugen steigt der Stab noch einmal in die

Höhe, was ganz lustig aussieht.)

Auch die Zuschauer sind verblüfft, da sie am Anfang glauben, den Trick durchschaut zu haben. In der Zaubersprache nennt man das einen „Aufsitzertrick."

Wenn du diesen Zaubertrick allein vorführen möchtest, ohne eine zweite Person, dann erzähle die Geschichte von den beiden Zauberern. Führe alle Schritte selbst durch.

Die Maus im Käsehaus

Materialien:
Schere, Kleber, eine Briefklammer mit rundem Kopf, einen Bogen Fotokarton, Vorlage: Maus und Käsehaus

Die Maus wird in das Käsehaus gesteckt, die der Zauberer mit einer Briefklammer verschließt. Sie ist eingesperrt. Beim zweiten Hineinschieben wird ein Zauberspruch gesprochen. Nun kann man die Maus herausziehen, obwohl abgeschlossen ist.

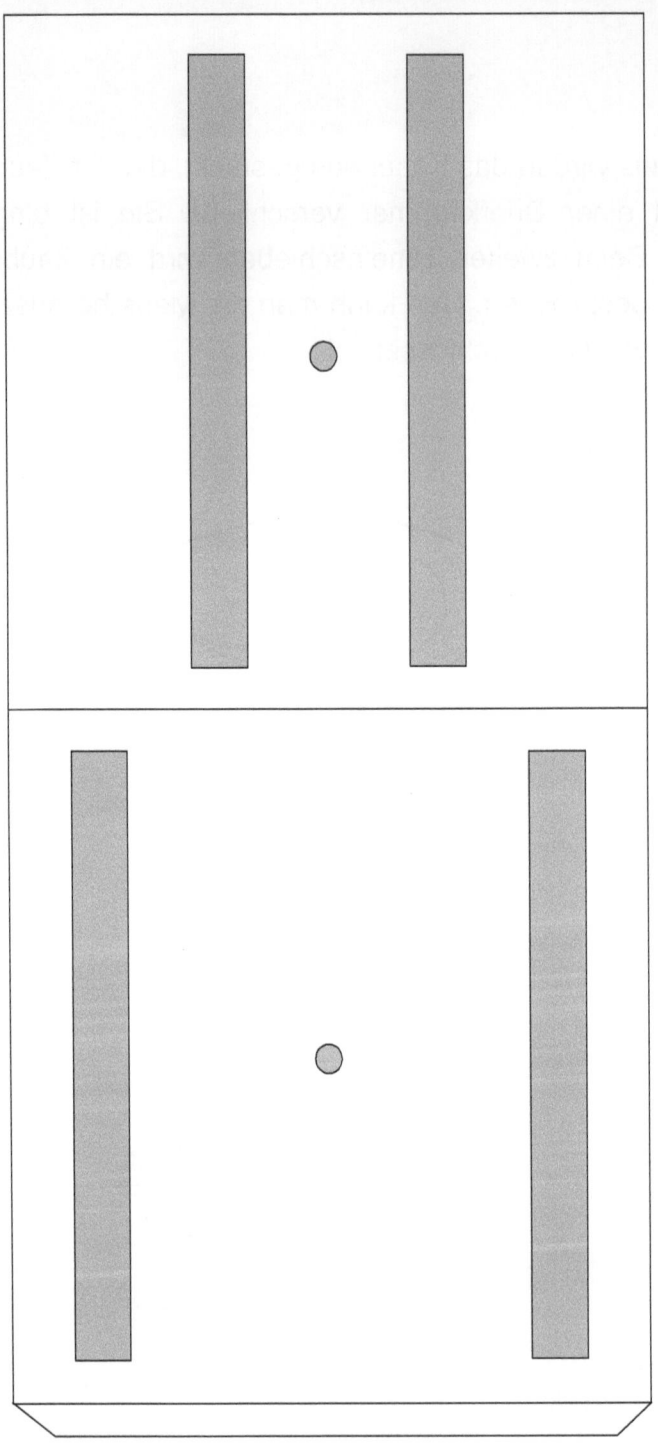

<u>Erklärung:</u> Schneide die Mausvorlage aus, und klebe sie auf den Bogen Fotokarton, damit sie haltbarer wird und besser zu hantieren ist. Dann male sie an.

Klebe das Käsehaus auf den Fotokarton, und schneide es aus. Ebenso die schraffierten Flächen, sowie die Kreise in der Mitte. Achtung! Die Klebefläche darf nicht aus Versehen mit abgeschnitten werden.

Nun falte das Käsehaus entlang der Mittellinie nach innen. Die Klebefläche ebenfalls. Die Außenseite der Klebefläche bestreiche mit Kleber, und das Käsehaus klebe zusammen. Es entsteht eine Tasche, die an zwei Seiten offen ist. Die Löcher in der Mitte müssen übereinander liegen.

Die Maus wird so in das Käsehaus gegeben, dass sie an der Vorderseite herausschaut. Die Vorderseite ist die Seite, an der die Schlitze weiter auseinander liegen.

Die Maus wird durch den ersten Schlitz der Vorderseite hindurch geschoben. Sie kommt aus dem ersten Schlitz der Rückseite wieder heraus. Durch den zweiten Schlitz der Rückseite wird sie wieder hineingeschoben, so dass sie dann auf dem zweiten Schlitz der Vorderseite wieder herausschaut. Die Löcher von Maus und Käsehaus liegen übereinander, damit die Briefklammer hindurchpasst.

Vorderseite (aus der Sicht des Publikums)

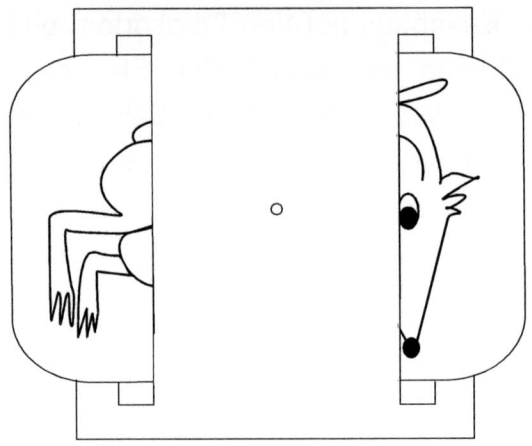

Rückseite (aus der Sicht des Zauberers)

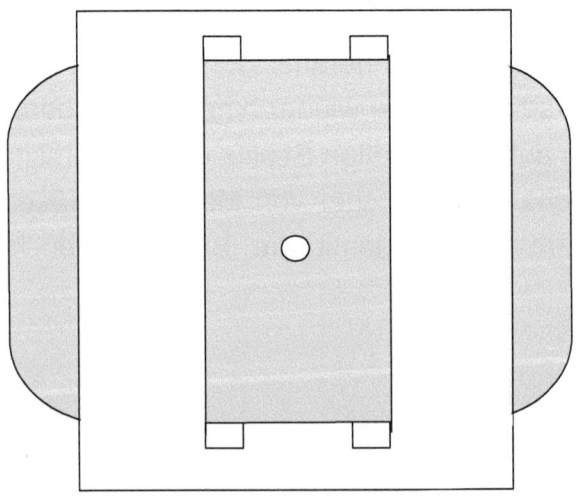

Der Zauberer kommt auf die Bühne, stellt sich vor und erzählt eine Geschichte.

"Es war einmal eine Maus, die hieß Fridolin. Fridolin lebte auf einem Bauernhof (zeigt die Maus dem Publikum) Dort gab es eine Käsekammer (zeigt die Käsekammer). Eines Tages öffnete der Bauer die Tür zur Käsekammer. Da Fridolin so gerne Käse aß, huschte er durch den offenen Spalt hinein (steckt die Maus durch die Schlitze in die Kammer).

Als der Bauer die Käsekammer verließ, schloss er die Tür hinter sich zu (steckt Briefklammer von der Vorderseite hinein, so dass die beiden Enden auf der Rückseite herausschauen und umklappen). Fridolin war in der Käsekammer gefangen (rüttelt an Maus). Nun war ihm auch noch der Appetit vergangen. Erst am nächsten Morgen öffnete der Bauer wieder die Tür, und Fridolin konnte fliehen (öffnet die Kammer und zieht die Maus heraus).

„Das soll mir nicht noch mal passieren", sagte er. Er ging nach Hause in sein Mauseloch und blätterte in einem Zauberbuch, das seinem Großvater gehörte. Er las in dem Kapitel nach "Wie öffnet man eine verschlossene Tür?"

Dort stand folgender Zauberspruch "Sesam öffne dich!" Damit wollte er es versuchen. Als der Bauer wieder einmal die Tür zur Käsekammer öffnete, huschte Fridolin durch den Türspalt ins Innere (Maus hineinschieben). Der Bauer nahm den Käse, den er brauchte, ging nach draußen und verschloss die Tür (die Briefklammer von der Rückseite durch die Kammer stecken. Der Kopf der Klammer ist kleiner als das Loch der Maus. So kann die Klammer durch die Maus hindurchrutschen, und die Maus ist wieder frei).

Fridolin aß so viel Käse, bis er nicht mehr konnte. Als er satt war, stellte er sich vor die Tür und sprach "Sesam öffne dich!" (Die Maus mit dem Daumen ein Stück anheben, dies ist von den Zuschauern nicht zu sehen. Die Maus seitlich herausziehen).
Fridolin konnte durch die Tür verschwinden, obwohl sie verschlossen war (Käsekammer vorzeigen)."

Vier-As-Trick

Materialien:
Ein Kartenspiel mit 32 Blatt, ein Tisch

Ablauf:
Das Kartenspiel wird verdeckt auf den Tisch gelegt. Ein Assistent hebt dreimal den Kartenstapel ab und bildet vier Haufen. Nun werden die obersten Karten von einem Stapel zum anderen verteilt. Danach liegt auf jedem Stapel ein As obenauf, ohne dass der Zauberer die Karten berührt hat und der Assistent frei nach seinem Willen abgehoben hat.

Erklärung:
Der Kartenstapel wird so präpariert, dass alle 4 Asse am Anfang verdeckt oben auf dem Stapel liegen. Das Kartenspiel liegt auf dem Ständer.

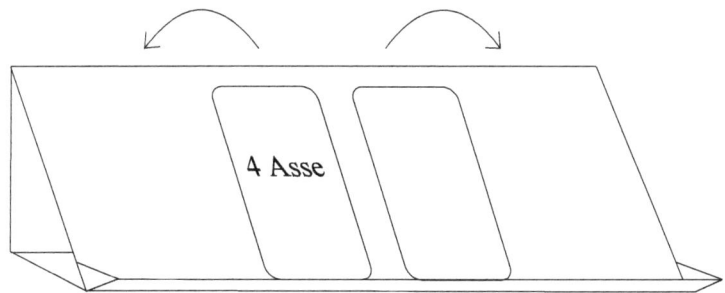

4 Asse

Der Zauberer begrüßt das Publikum, stellt sich vor und bittet einen der Zuschauer zu ihm zu kommen. Er bittet

den Assistenten die Hälfte des Kartenspiels abzuheben und lässt ihn neben den ersten Stapel legen.
Der Zauberer muss sich lediglich merken, auf welchem Stapel die vier Asse liegen.

Der Assistent wird wiederum gebeten, von dem linken Stapel die Hälfte abzuheben und links daneben zu legen. Als nächstes von dem rechten Stapel, so dass vier Haufen entstehen.

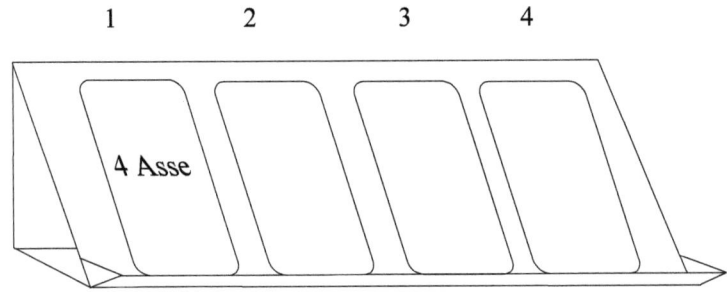

Mit den Stapeln 2, 3 und 4 kann man nun hantieren, wie man will. Z.B. Kann man die obersten 3 Karten des 2.ten Stapels auf den 4.ten Stapel legen lassen, dann die obersten 2 Karten vom 3.ten Stapel auf den 2. ten.
Allzu lange sollte das Spielchen nicht getrieben werden, da sonst dem Publikum langweilig wird. Wir kommen zum wesentlichen.
Nun legt man z.B. 2 Karten von dem Asse-Stapel auf den 3.ten Stapel. Der Assistent kann noch einmal z.B. 3 Karten vom zweiten Stapel auf den 4.ten legen. An der Position der Asse hat sich nichts geändert. 2 liegen auf

dem ersten Stapel und 2 auf dem dritten. Nun lässt man jeweils eine Karte vom 3.ten Stapel auf den 2.ten legen und eine Karte vom 1.ten Stapel auf den 4.ten. Alle 4 Asse sind jetzt gleichmäßig verteilt. Auf jedem Stapel liegt nun ein As obenauf.

Diese Reihenfolge des Abhebens ist nur ein Beispiel. Der Zauberer kann sich selbstverständlich seine eigene Reihenfolge ausdenken. Wichtig ist nur, dass er sich die

Position der Asse merkt, alles andere ist reine Ablenkung.

Zum Schluss soll der Assistent die Karten umdrehen und sich davon überzeugen, dass überall ein As liegt. Die Zuschauer dürfen mitzählen.

Die Schwerterkiste

Wir gelangen zu einem Höhepunkt. Die Schwerterkiste! Sie wird gerne zum Lieblingstrick vieler Kinder erkoren.

Materialien:
Man wählt eine große Kiste von einem Fernseher oder einem Kühlschrank aus. Breite ca. 60 cm und Höhe ca. 80 cm, 11 Stäbe, Farbe, Pinsel

Ablauf:
Ein Kind setzt sich in die Zauberkiste. Der Zauberer verschließt die Kiste. Er schiebt elf Stäbe durch die Kiste. Nachdem er die Stäbe wieder herauszieht, erscheint das Kind. Es ist unversehrt.

Erklärung:
Bevor die Kiste angemalt wird, sollten die Löcher für die Stäbe bereits vorhanden sein. Die Löcher werden folgendermaßen in Würfelform angebracht. Jeweils fünf

Löcher auf der linken Seite, und parallel gegenüber, fünf Löcher auf der rechten Seite. Fünf Löcher auf der hinteren und fünf Löcher auf der vorderen Seite. Die Löcher auf der Vorder- und Rückseite sollten etwas tiefer angebracht sein als an den Seiten, damit die Stäbe aneinander vorbeigeführt werden. Zu guter Letzt fehlt noch ein Stab auf der Oberseite.

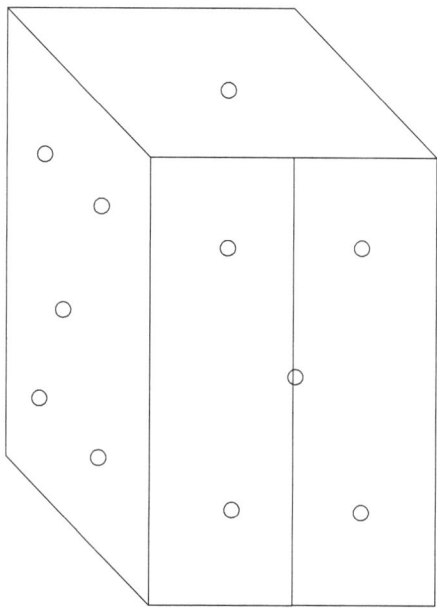

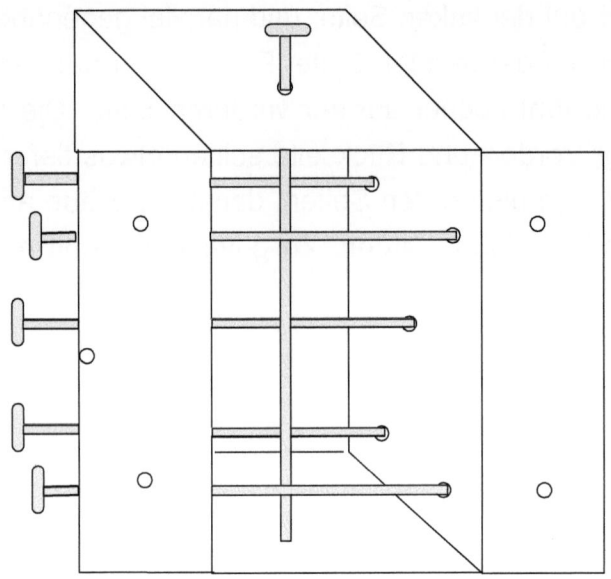

Die Stäbe können z.B. aus alten Hockeyschlägern bestehen oder aus Besenstielen, die Silber angestrichen sind. Sie sollten mindestens 1 m lang sein, damit sie auf beiden Seiten der Kiste ca. 20 cm herausschauen.

Nun kannst du die Kiste anmalen. Nimm am besten Fingermalfarben dazu. Lege Zeitungspapier unter die Kiste damit keine Farbe auf den Boden tropft.

Vorführung:

Die Schwerterkiste steht hochkant, mit der Öffnung zu den Zuschauern gerichtet, auf der Bühne. Die vorderen Klappen dienen als Türen und sind geschlossen. Daneben steht eine alte Waschtrommel, hübsch angemalt oder beklebt, in der die Stäbe, Entschuldigung, die Schwerter stehen. Am wirkungsvollsten wird dieser Trick mit stimmungsvoller Musik vorgeführt, die die Spannung ungemein erhöht.

Als Darsteller werden zwei Kinder gebraucht. Ein Kind spielt den Zauberer. Ein anderes stellt den Assistenten dar, der in die Kiste steigt und durchbohrt wird.

Der Zauberer kommt auf die Bühne, gefolgt von seinem Assistenten. Er stellt seinen Assistenten vor und danach sich selbst. Er erklärt kurz, dass sein Assistent in die Kiste steigen wird. Als nächstes wird die Musik angestellt. Spannungsvoll werden die Schwerter in die Kiste geschoben, eins nach dem anderen. Der Zauberer schiebt sie zuerst von der Vorderseite hinein, damit die Türen geschlossen bleiben, dann von der Seite und zum Schluss von oben.

Der Assistent im Inneren der Kiste hilft mit, dass die Schwerter auf den gegenüberliegenden Löchern wieder herausgeschoben werden. Für den Assistenten in der Kiste bleibt genügend Platz zwischen den Stäben, um zu sitzen. Er muss sich höchstens ein bisschen verrenken und schräg setzen, wenn die mittleren Stäbe durchgestoßen werden. Aus der Sicht des Publikums sieht es allerdings viel dramatischer aus. Es wirkt, als ob die Person tatsächlich durchstochen wird. Damit das Publikum überzeugt ist, dass alle Schwerter durchgestoßen sind, wird die Kiste einmal um sich selbst gedreht. Die Musik wird leise gestellt, damit der Zauberer etwas sagen kann. "Damit Sie sehen, dass mein Assistent (Name) noch in der Kiste ist, wird er seine Hand herausstrecken und ihnen mit einem Tuch zuwinken." Der Assistent befolgt dieses.

Nun werden die Stäbe einer nach dem anderen wieder in umgekehrter Reihenfolge herausgezogen.
Erst der oberste, danach die von der Seite und zum Schluss die vorderen. Während des tosenden Applauses springt der Assistent aus der Kiste hervor und präsentiert sich, indem er beide Arme ausbreitet. Alle verbeugen sich.

Riesenseifenblasen

Zwischen den Zaubereinlagen sorgen Seifenblasen für eine willkommene Abwechslung. Sie regen die Fantasie an und verleiten zum Träumen.
In die Zaubervorstellung mitaufgenommen, entlocken sie "Ah's" und Oh's" dem Publikum, das gerne zum Staunen bereit ist. In diesem Fall handelt es sich sogar um Riesenseifenblasen.
Bekannt geworden sind sie durch den Clown Pic, der mit einer Riesenseifenblasennummer in dem Zirkus Roncalli auftrat.

Es gibt viele Spielereien mit Seifenblasen. Es lohnt sich sie auszuprobieren, kleine Blasen in große zu machen, sie schweben zu lassen oder eine Riesenseifenblase auf die entstandene Membrane auf dem vorher eingetauchten Blasring hüpfen zu lassen.

Allein die Riesenseifenblasen als eine Nummer in der Vorstellung nach stimmungsvoller Musik vorgeführt, versetzt das Publikum in eine enthusiastische Stimmung.

Mittlerweile gibt es viele fertige Mischungen zu kaufen. Es gibt aber auch die Möglichkeit die Flüssigkeit und die Utensilien selber herzustellen. Man braucht dazu einen Seifenblasenring, Flüssigkeit und natürlich einen Behälter.

Der Seifenblasenring

Materialien:
Eimer, ein Bambusstab (erhältst du in jedem Bau – und Gartenmarkt oder Bastelgeschäft), Durchmesser 1 cm, Länge 1 m, Blumendraht, dicker Draht,

Dieser Seifenblasenring ist groß genug, um damit auf der Bühne vor mehreren Personen aufzutreten. Er ist gut sichtbar für das Publikum. Es braucht bei dieser Ring-größe nicht mehr durchgepustet zu werden, wie bei den kleinen. Du kannst ihn einfach durch die Luft bewegen, z. B. von links nach rechts. Schon siehst du wie eine Wölbung entsteht und sich daraus eine riesige Seifen-blase bildet. Wenn sie zu groß wird, platzt sie leicht, be-vor sie vollendet ist. Mit etwas Übung schaffst du es die Größe so einzuschätzen, dass sie nicht platzt, sondern als Kugel wabernd durch die Lüfte fliegt. Ein kleiner Trick ist es den Seifenblasenring zu drehen, um die Blase zu schließen.

1. Du brauchst ca. 61 cm von dem dicken Draht. Knipse es mit einer Zange ab.
2. Aus dem dicken Draht biege einen Kreis mit ca. 18 cm Durchmesser. Lasse 3 cm für jedes Ende stehen. Die Enden werden nach unten abgeknickt und an den Bambusstab gelegt.

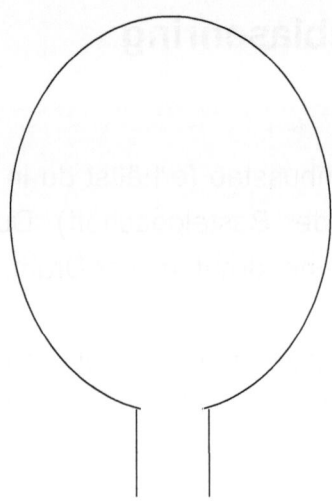

3. Mit Blumendraht wird der Kreis an den Draht befestigt.

4. Mit zwei Blumendrähten umwickelt man, beide in entgegengesetzte Richtung, den dicken Draht. Es entsteht dabei ein schlaufenähnliches Gebilde. Die Enden wickele um den Stab herum, und knipse sie mit einer Zange ab. Achte darauf, dass sie gut verborgen sind, damit sich niemand verletzen kann.

5. Wird dieser Ring in die Flüssigkeit getaucht, bleibt sie als Oberfläche (Membrane) haften.

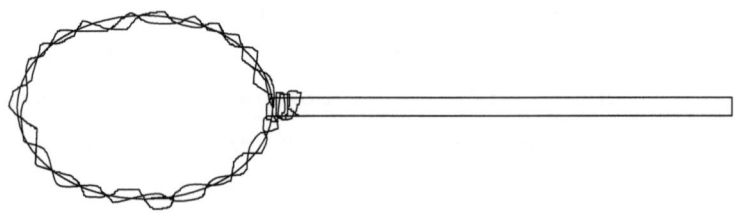

Das Rezept:

- 3 ½ l Wasser
- 375 ml Neutralseife
- 250 g Zucker
- 20 g Kleisterpulver

Die Mischung bitte einen Tag vorher ansetzen. Wichtig ist, sie mehrmals durchzurühren.

Falls du eine größere Menge brauchst als hier angegeben ist, verdoppele einfach die Menge der Zutaten.

Viel Spaß beim Ausprobieren!

Liebst du auch die schillernden Farben der Seifenblasen, die lautlos herabschweben. Nimm einen Eimer, der groß genug ist für genügend Flüssigkeit, damit der Ring problemlos hineinpasst.

Du kannst auch einen Eimer mit Deckel besorgen. In Imbissbuden werden sie für Mayonnaise oder Joghurtsauce benutzt. Sie werden oft weggeworfen.

Wenn du einen Deckel hast, verdunstet die Flüssigkeit nicht so schnell. Eine andere Möglichkeit ist es, die Flüssigkeit nach jeder Probe in Flaschen abzufüllen.

Beklebe ihn außen mit bunter Folie und magischen Gegenständen. So trägt auch der Eimer seinen Teil zur Vorführung bei.

Bitte lege Papier oder eine Plastikplane in der Probe und

in der Vorstellung unter, da die zerplatzten Blasen sehr rutschig auf dem Boden sind.

Wenn es besonders kalt draußen ist, kannst du auch gefrorene Seifenblasen pusten. Das sieht besonders anmutig aus.

Das zerbrochene Streichholz

Der Zuschauerassistent legt ein markiertes Streichholz in ein Tuch. Es wird zusammengefaltet. Der Assistent zerbricht das Streichholz. Der Zauberer zaubert es wieder ganz.

Materialien:
Geschirrtuch oder großes Stofftaschentuch mit einem breiten Saum, Streichhölzer, Nadel und Faden, Stift zum Markieren, Tisch.

Erklärung:
In dem Saum des Tuches wird vor der Vorführung ein Streichholz geschoben. Ist der Saum nicht groß genug kann man den Rand etwas umklappen und festnähen, damit ein Streichholz hineinpasst. Das Streichholz ist von außen nicht sichtbar. Der Zauberer fühlt wo sich das Streichholz befindet.

Vorführung:
Das Tuch liegt auf einem Tisch. Merke dir in welcher Ecke sich das Streichholz befindet.
Nachdem du einen Assistenten auf die Bühne geholt hast, sage dem Assistenten, dass er ein Streichholz aus der Schachtel herausnehmen und es mit einem Stift markieren soll. Breite das Tuch auf den Tisch aus. Das markierte Streichholz legt der Assistent in die Mitte des

Tuches. Nimm die Zipfel des Tuches eins nach dem anderen und decke sie über das Streichholz, angefangen mit dem Zipfel, in dem sich das vorbereitete Streichholz im Saum befindet.

Es entsteht ein kleines Päckchen. Merke dir in welcher Position das vorbereitete Streichholz liegt. Es sollte sich direkt neben dem anderen befinden.

Nimm das Streichholz und gib es dem Assistenten, der es zerbricht. Bitte dicht über dem Tisch halten, damit das andere Streichholz nicht ausversehen herausrutscht.

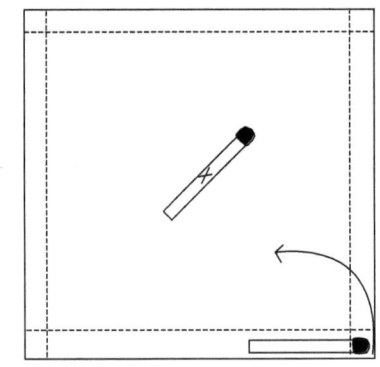

Lege das Tuch wieder auf den Tisch. Mache mit dem Zauberstab eine magische Bewegung über dem Tuch, ergreife vorsichtig den Zipfel und hebe es langsam hoch. Das markierte Streichholz fällt auf den Tisch. Der Assistent bezeugt, dass es sein Streichholz ist, und du bekommst deinen wohlverdienten Applaus.

Tipp: Falls du doch das falsche Streichholz genommen

hast, ist es nicht so schlimm. Das kann durchaus die Spannung erhöhen. Wiederhole die Prozedur und schiebe alles darauf, dass noch ein Zauberspruch gesprochen werden muss und lasse dann das richtige Streichholz zerbrechen.

Fischmarkttrick

Materialien:
Seidenpapier, Kleber, Schere, Salzstreuer, Stift.

Ablauf :
Ein Streifen Seidenpapier wird in mehrere Stücke gerissen und mit Hilfe von Zaubersalz wieder ganz gezaubert.

Erklärung:
Natürlich braucht der Zauberer 2 gleiche Streifen, die er heimlich vertauscht. Die Streifen sind 56 cm lang und 6 cm breit. Ein Streifen wird folgendermaßen präpariert. An einem Ende klebe eine kleine Tasche, in die der zweite Streifen hineinpasst. Falte ca. 10 cm vom Anfang des Streifens, klebe ihn fest und schon ist die Lasche entstanden. Sie muss groß genug sein, damit der zweite Streifen gut hineinpasst und nicht herausrutscht.

Auf dem übrigen Streifen steht folgender Spruch:
"Heute hier Verkauf von frischen Fischen"
Bitte erst nach der Tasche anfangen zu schreiben. Auf den zweiten Streifen schreibe den gleichen Spruch. Dieser Streifen wird ziehharmonikaförmig gefaltet und in die Tasche geschoben. Die Falten sollten einen Abstand von ca. 2 cm haben.

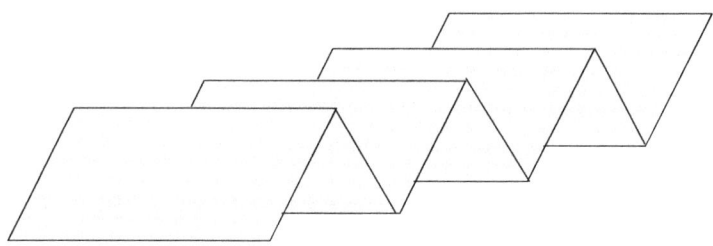

<u>Vorführung:</u>

Lege den Salzstreuer in deine Hosentasche. Verberge (palmiere) die Tasche in deiner rechten Hand. Die Finger liegen vom Publikum aus gesehen vor der Tasche. Der Handrücken ist zum Publikum gewendet. Die linke Hand wird in der gleichen Position gehalten, nur dass sie eben nichts verbirgt, sondern nur das Ende festhält.

Erzähle: Neulich war ich in Hamburg auf dem Fischmarkt. Ich schlenderte über den Markt und entdeckte einen Stand, an dem folgendes Schild hing:
"Heute hier Verkauf von frischen Fischen"

Ich dachte, das ist aber ein langes Schild. Es ist doch klar, dass die Fische heute verkauft werden und nicht gestern oder morgen. "Heute" ist also überflüssig. Ich ging zu dem Schild, nahm es in meine Hand und riss es ab.

(Zuerst wird die Tasche abgerissen. Sie wird vor den Streifen gelegt, hinter das Wort "heute", damit die Zuschauer noch den Streifen lesen können, dann wird "heute" abgerissen. Die Tasche und "heute" wird vor den Streifen gelegt.)

Jetzt stand dort noch "hier Verkauf von frischen Fischen". Ist doch logisch, dachte ich, dass die Fische hier verkauft werden und nicht dort drüben, ist ebenso überflüssig und wird abgerissen ("hier" wird abgerissen. Das ganze Häufchen wird hinter den Streifen gelegt, so dass die Tasche zum Zauberer gewandt ist.).

"Verkauf von frischen Fischen" "Verkauf" ist wirklich überflüssig, kann also auch weg ("Verkauf " wird abgerissen).

"von frischen Fischen" So fängt schon mal gar kein Satz an ("von" wird abgerissen).

"frischen Fischen" Ich meine, dass die Fische frisch sind weiß doch jeder ("frischen" wird abgerissen).

Fischen", das sieht doch jeder, dass es Fische sind und keine Elefanten oder Ameisen, oder?

Nun stand dort kein Schild mehr. Plötzlich kam die Verkäuferin. Als sie sah was ich mit ihrem Schild gemacht hatte, wurde sie sehr böse. Sie schimpfte. "Was machen Sie denn da? Sie können doch nicht mein ganzes Schild zerreißen. Jetzt sieht doch niemand mehr von weitem, dass hier ein Stand ist. Die gute Frau hatte Recht. Und wie gut, dass ich eine Zauberin bin und immer Zaubersalz dabeihabe.

(In dieser Zeit wird die Tasche, die oben auf dem Haufen liegt mit dem Zeigefinger aufgerissen. Die Streifen werden links und rechts um den Haufen gefaltet. Es entstehen zwei voneinander getrennte Haufen. Der zweite vorbereitete Streifen wird unbemerkt ausgetauscht. Die Schnipsel werden unbemerkt in die Hosentasche befördert.

Das geht so:
Der gesamte Haufen wird in die rechte Handinnenfläche gegeben. Die beiden Haufen werden getrennt, indem der Daumen den Stapel des gefalteten Streifens zwischen Daumen und Zeigefinger schiebt. In der Handinnenfläche bleiben palmiert die Schnipsel zurück, die vom Publikum aus nicht sichtbar sind.

Die linke Hand übernimmt den gefalteten Streifen, der sichtbar von Daumen und Zeigefinger gehalten wird. Die linke Hand bewegt sich nach vorn vom Körper weg und präsentiert ihm dem Publikum. Die rechte Hand greift in die Hosentasche, lässt die Papierschnipsel dort und nimmt das Zaubersalz mit heraus. Das Zaubersalz streue über den Streifen, falte ihn auseinander und halte ihn dem Publikum zum Lesen hin.)

So zauberte ich das Schild wieder ganz und die Verkäuferin lächelte zufrieden (Verbeugung und zeigen, dass die Hände leer sind).

Die Hypnosenummer

Material:

2 Besenstiele, 1 paar alte Schuhe, alte Jeanshose, 1 paar alte Strümpfe, Stoff als Umhang, 1 Stuhl

Ablauf: Der Zauberer hypnotisiert seine Assistentin und lässt sie schweben.

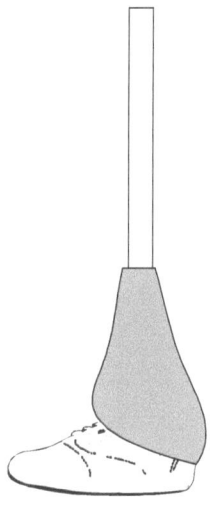

Erklärung:

Die Assistentin hält zwei falsche Beine fest, die sie unter ihrem Arm festklemmt. Die Beine sind folgendermaßen gebaut:

Um den unteren Teil der Besenstiele wird Stoff gewickelt, damit sie so dick sind wie Beine. Das umwickelte Ende der Stile stecke in die Schuhe, deren Schnürsenkel um die Stiele gebunden werden. Falls sie nicht halten, kann man sie zusätzlich an den Stiel festna-

geln. Von einer Hose werden die Hosenbeine abgeschnitten, ca. 50 cm.

Befestige die Hosenbeine an den Stielen mit z.B. Krepp-
band. Das Ende des Hosenbeins ragt etwas über den
Schuh. Es entsteht die perfekte Attrappe zweier ange-
zogener Beine.
Die Stiele werden wie beim Stelzenlaufen unter den Ar-
men gehalten, damit sie leicht hochzuheben sind. Die
Assistentin winkelt hierbei die Arme an. Die Stäbe liegen
unterhalb der Achseln entlang des Körpers und enden
hinter der Schulter. Die Hände zeigen mit dem Daumen
nach unten und umgreifen den Stiel.

Das Gewand
Es besteht aus zwei alten Laken. Sie sind übereinander-
gelegt und an den Seiten A und B zusammengenäht. An
der Ecke A/B (siehe Pfeil) bleiben je 25 cm offen, durch
die der Kopf durchzustecken ist.
Die Assistentin legt ihren Kopf zurück und hebt die beiden falschen Beine waagrecht nach oben. Es entsteht
die Illusion, als ob sie schwebt. Zur Erleichterung sollte
am Fußende ein Stuhl stehen, auf dessen Lehne die
Assistentin die falschen Füße ablegen kann.

Vorführung:

Der Zauberer stellt sich als Scheich El Achmed vor, der aus einem fernen Land stammt. Er bittet seine Assistentin auf die Bühne zu kommen (sie trippelt herein. Und zwar muss sie die falschen Beine als ihre echten Füße ausgeben. Sie geht scheinbar mit den falschen Füßen. Sie kopiert ihren eigenen Gang. Sie hebt die Füße und setzt einen vor den anderen. Synchron dazu bewegt sie ihre richtigen Füße, die aber niemand sehen darf. Sie und der Zauberer achten darauf, dass das Gewand immer auf dem Boden bleibt und nur vorn die falschen Füße herausschauen).

Er begrüßt seine Assistentin Prinzessin Suleika und erklärt dem Publikum, dass er sie hypnotisieren möchte (nach allen Regeln der Kunst hypnotisiert er sie).

„Schau mir in die Augen, hör auf meine Worte und befolge was ich dir sage. Du wirst müde, immer müder. Deine Augenlider werden schwerer und schwerer. Deine Augen fallen zu. Du fängst an zu schlafen. Stell dir vor, dein Körper wird leicht, immer leichter, so leicht wie eine Feder. Du wirst immer leichter. Nichts kann dich am Boden festhalten und du fängst an dich in die Luft zu heben, ganz langsam. Du fängst an zu schweben, immer höher und höher, bis dein ganzer Körper schwebt."

(Wenn sich die Beine heben, muss darauf geachtet werden, dass das Gewand auf dem Boden bleibt. Lüftet es sich, kann man die echten Füße sehen und der Trick ist misslungen. Wenn die Assistentin schwebt, präsentiert sich der Zauberer und empfängt seinen Applaus. Danach lässt er sie wieder schwerer werden.)

„Du wirst wieder schwerer und schwerer. Die Feder wird zu Blei und du schwebst wieder dem Boden entgegen, bis du mit den Füßen den Boden berührst. Ich zähle langsam bis drei und wenn ich in die Hände klatsche, wachst du wieder auf. Eins, zwei, drei (klatscht in die Hände und die Assistentin öffnet die Augen. Beide verbeugen sich)“.

Die Nummer wirkt besonders gut, wenn im Hintergrund leise, ruhige Sphärenmusik läuft und der Zauberer in einem monotonen Singsang seine Hypnose spricht. So entsteht der richtige Effekt beim Schweben.

Der Hase im Zylinder

Mit diesem Trick kannst du deinen Freunden vorführen, wie man einen Hasen aus einem Hut zaubert. Den Hasen findest du auf der nächsten Seite.

Anleitung:
Du brauchst dazu einen Hut, ein dunkles oder schwarzes Tuch circa 45 cm x 45 cm, Fotokarton, ein Faden in der Farbe des Hutes, eine Nadel, einen Papphasen und eine Büroklammer.

Den Hasen erstellst du folgendermaßen:
- Kopiere die Hasenvorlage
- Schneide sie aus
- Klebe sie auf Fotokarton
- Schneide die Pappe aus, so erhältst du Schnuffi den Zauberhasen.

Vorbereitung:
- Besorge dir ein dunkles Tuch. An das eine Ende des Fadens binde die Büroklammer. Das andere Ende befestige an der Kante des Tuches in der Mitte.
  Wenn du einen Zylinder hast, benutze ihn. Ansonsten kannst du auch jeden anderen Hut nehmen.
- Befestige den Hasen an der Büroklammer. Der Faden ist 2/3 des Tusches lang, damit der Hase im Tuch

hängt und nicht zu sehen ist. Er darf nicht unten raus-
schauen.

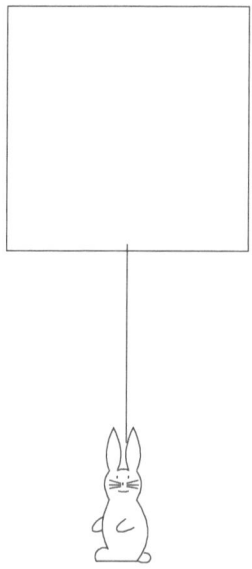

Vorführung: Stelle den Hut vor dich auf den Tisch. Lege
das zusammengeknüllte Tuch daneben. Der Hase befindet sich im Inneren. des Tuches.

- Zeige deinem Publikum, dass der Hut leer ist.
- Nimm das Tuch und halte es an der Kante nach oben,
  an der der Faden hängt fest.
  Der Hase hängt nun in der Innenseite des Tuches am
  Faden. Er ist nicht zu sehen.
- Lasse den Hasen in den Hut hineinhängen.
  Du kannst das Tuch von beiden Seiten leer zeigen.
- Verdecke den Hut mit dem Tuch.
- Sprich einen Zauberspruch und mache eine magische
  Bewegung mit dem Zauberstab.

- Nimm das Tuch ab und lege es auf die zum Publikum abgewendete Seite des Hutes. Der Hase und der Faden werden nicht bemerkt.
- Fasse in den Hut und zeige den Hasen vor. Entferne die Büroklammer.

2. Zubehör zum Zaubern

Den Zauberstab herstellen

Das wichtigste Requisit für den Zauberer ist der Zauberstab. Er unterstützt die magische Atmosphäre oder dient zur Ablenkung vom eigentlichen Trickgeschehen. Er wird bei jeder Darbietung eingesetzt.

Aber bitte nicht damit auf lebende Menschen zeigen. Wie leicht kann etwas passieren und man verwandelt Jemanden in einen Frosch und weiß dann den Zauberspruch nicht mehr, um ihn zurück zu verwandeln. Also, vorsichtig damit umgehen.

Materialien:
1 Rundstab - Durchmesser 1 cm, Länge 30 cm, 1 Pinsel, schwarze und weiße Plaka- oder Lackfarbe, Säge

Den Zauberstab herzustellen ist ganz einfach. Der Rundstab, der aus Holz ist, wird als Meterware verkauft und erhältst du in jedem Bastelgeschäft. Säge ihn auf die richtige Länge.

1. Markiere den Stab nach 30 cm. Spanne den Stab am Besten in einen Schraubstock ein. Ist dieser nicht vorhanden, nimm zwei Stühle und lege den Stab dazwischen. Lasse die Enden festhalten.

2. Nun wird der Stab auf die passende Länge ge-
   sägt.
3. Wenn die Enden rau sind, feile sie mit etwas
   Schmirgelpapier glatt.
4. Als nächstes male den Stab an. Lege dafür Zeitungspapier oder Papier von der Makulatur Rolle
   auf den Tisch.

Es gibt den Zauberstab in verschiedenen Variationen.
Wir bevorzugen ein Ende ca. 5 cm weiß anzumalen und
den Rest schwarz.

Der Zauberkasten

Es sammeln sich einige Zauberutensilien an, die einen Ort brauchen, an dem sie untergebracht werden können. Ideal ist ein selbst gebastelter Zauberkasten. Ich habe in meinen Kursen Schuhkartons genommen, die dank ihrer Stabilität sich als sehr wertvoll erwiesen. Einen passenden Deckel gibt es mit dazu.

Frage in einem Schuhgeschäft nach leeren Schuhkartons mit Deckel. Du hast damit einen Beitrag geleistet wertvolles Material nicht zum Müll zu werfen. Das wird auch „Nachhaltigkeit" genannt.

Du kannst deinen Karton mit bunten Farben bemalen, z.B. Fingerfarben, die ebenso mit einem Pinsel aufgetragen werden können. Bemale den Kasten mit magischen Symbolen.

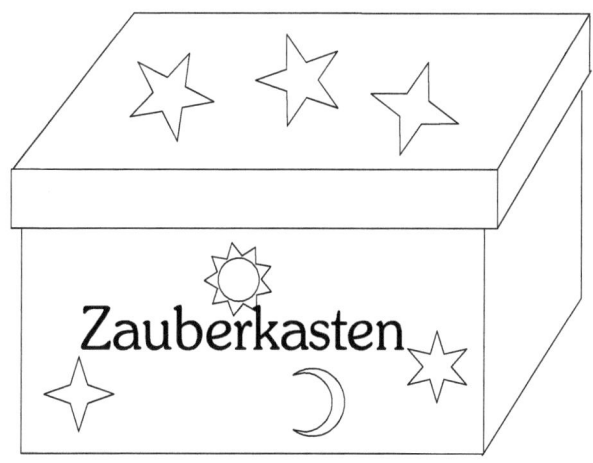

Diese Tätigkeit macht viel Spaß und fördert die kreative Schaffenskraft. In dem Karton können die Zaubertricks, die gebastelt wurden, gesammelt werden. So hast du dafür gesorgt, dass spielerisch Ordnung geschaffen wird. Die Tricks liegen nicht verteilt im Raum herum.

Magische Symbole

Die wichtigsten magischen Symbole sind das Pentagramm, auch der Fünfstern genannt und der Halbmond. Hier zeige ich dir eine Anleitung, um sie sauber zeichnen zu können.

Der Halbmond
Nimm ein rundes Glas. Setze es verkehrt auf das Blatt Papier. Zeichne die Umrandung mit einem Stift zur Hälfte nach. Es entsteht ein Halbkreis. Ziehe das Glas ein Stück zur Seite. Zeichne wiederum den Rand des Glases nach, und verbinde dies mit dem ersten Halbkreis. Es entsteht ein Halbmond.

Das Pentagramm
Wie zeichne ich einen gleichmäßigen fünfzackigen Stern mit einem Strich? Das ist ganz einfach! Fange in der linken unteren Ecke an zu zeichnen. Ziehe einen Strich schräg rechts nach oben (1). Als nächstes einen waag-

rechten zur linken Seite (2). Dann ziehe einen Strich nach rechts unten (3). Von da aus nach oben in die Mitte (4). Und zuletzt verbinde ihn mit dem Anfang in der linken unteren Ecke (5).

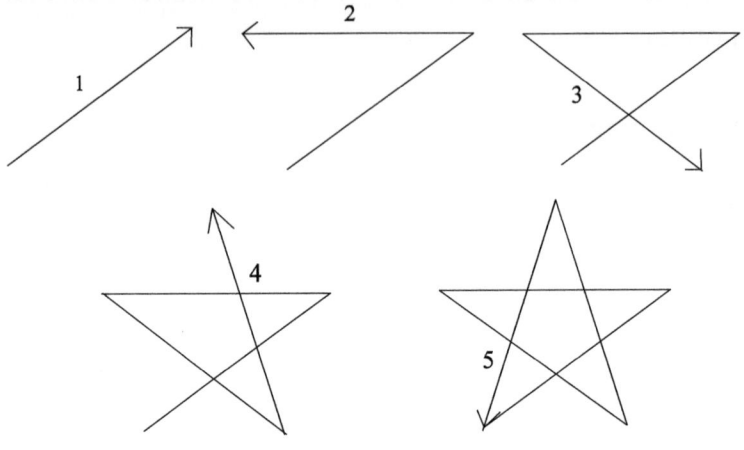

Perfekt! Herzlichen Glückwunsch. Wenn du dir das merken kannst, wirst du die besten Sterne zeichnen.

Der Zauberhut

Material:

Ein Bogen Fotokarton, Schere, Kleber, Goldfolie, Bleistift, Schnur, Hutgummi, eventuell ein Tucker oder Wäscheklammern

Um die Vorstellung magischer zu gestalten, sollte ein Zauberhut nicht fehlen. Besorge einen bunten Fotokarton. Du bekommst ihn in jedem Bastelgeschäft. Es gibt ihn in der Größe 50 x 70 cm.

1. Damit aus dem Bogen ein Hut entsteht muss ein Viertel Kreis ausgeschnitten werden, der an beiden Seiten 50 cm lang ist. Den Viertel Kreis kannst du entweder mit einem Zirkel aufzeichnen. Falls kein Zirkel zur Hand ist, stelle ihn selbst her.

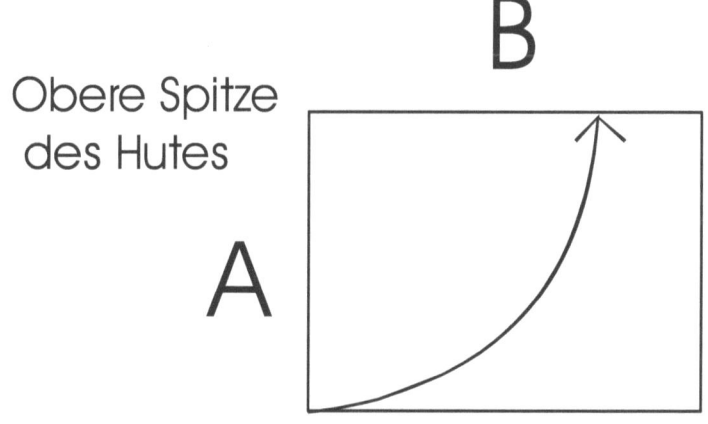

Obere Spitze des Hutes

B

A

75

2. Nimm einen Bleistift und befestige an dem unteren Ende ein Stück Schnur, das so lang ist wie das lange Ende des Bogens. Wenn du den Bleistift an die untere Ecke des Bogens hältst und das andere Ende des Fadens an die obere Ecke, so kannst du einen exakten Viertel Kreis zeichnen.
3. Schneide den Kreisausschnitt aus.

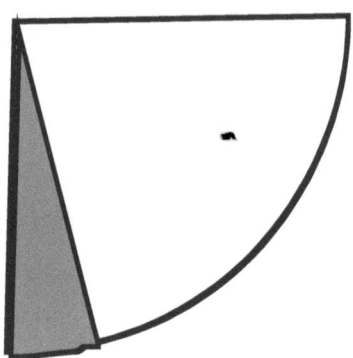

4. Wenn du die Seiten A + B übereinander hältst, kannst du am Kopf die Kopfgröße messen und den Hut genau anpassen. Markiere die Stelle. Zieh einen Strich von der Markierung bis zur oberen Spitze. Diese Fläche benutze als Klebestelle.
Es entsteht ein spitzer Hut.
Halte den Hut mit einer Wäscheklammer zusammen, bis er getrocknet ist, damit er nicht wieder auseinanderklafft.

5. An zwei Seiten bohrt man je ein Loch in den Kar-
   ton, durch die ein Hutgummi gezogen und geknotet wird, damit der Hut später nicht vom Kopf
   rutscht.

6. Beklebe den Hut nach Herzenslust mit Goldfolie, mit Sternen, Monden oder magischen Dingen.

Um dem Hut noch eine Krempe zu geben, gehe folgendermaßen vor:

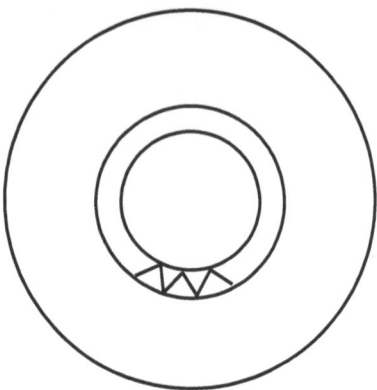

1. Bevor du das Hutgummi befestigst, stelle den Hut auf einen weiteren Fotokarton und zeichne den Rand nach.
2. Zeichne im Abstand von 15 cm einen weiteren Kreis. Dies ist die äußere Hutkrempe.
3. In das Innere des Kreises male, im Abstand von 2 cm, einen kleineren Kreis.
4. Zeichne in den gesamten schmalen Kreis 2 cm breite Zacken hinein, die zum Kreismittelpunkt zeigen. Sie dienen als Klebefläche. Schneide die Zacken rundherum aus und knicke sie nach oben.
5. Gib Klebstoff auf die vordere Seite der Zacken und klebe den Hut darauf, sodass die Zacken im inneren des Hutes festsitzen. Jetzt ist es ein richtiger Zauberhut.

6. Befestige, wie es oben beschrieben ist, das Hut-gummi. Bohre dafür 2 kleine Löcher im Abstand von 2 cm auf jede Seite des Hutes und verknote das Gummi.

3. Vorbereitung für die Aufführung

Die Präsentation auf der Bühne

Genauso wichtig wie die Einübung der Tricks, ist die Präsentation des Gelernten, sowie der eigenen Person auf der Bühne. Der Zauberer ist eine Rolle, die gespielt wird. Jeder, der einen Zauberer oder eine Zauberin darstellt, schlüpft in diese Rolle und ist somit ein Schauspieler. Die Bühne ist sein Aktionsfeld. Sie wirkt wie eine Lupe, durch die auch die allerkleinste Bewegung wahrgenommen wird.

Es gibt daher wichtige Punkte, die du beachten solltest und während der Probe gleich mit eingeübt werden können.

1 - Lächelnd auf die Bühne kommen

Schließlich soll das Publikum sehen, dass es dem Darsteller Spaß macht zu zaubern. Oft sind die Darsteller durch Lampenfieber geplagt und sehr aufgeregt. Lampenfieber vor dem Auftritt gehört dazu. Auch wenn es unerträglich erscheint, erhöht diese Reaktion des Körpers unsere Konzentrationsfähigkeit. Das wird uns jeder Schauspieler bestätigen. Hat die Vorstellung erst einmal begonnen, geht alles rasend schnell vorüber. Wenn die Vorstellung vorbei ist, können wir den Applaus und den Erfolg so richtig genießen.

Lächeln ist freundlich und erweckt Sympathien beim Publikum. Also strahlend auf der Bühne erscheinen, außer wenn die Rolle vorschreibt einen anderen Charakter zu spielen. Das gilt für die ganze Zeit, in der man auf der Bühne steht. Das Lächeln trägt auch psychologisch dazu bei, locker zu bleiben und sich nicht zu verkrampfen.

2 - Laut und deutlich sprechen

Es ist tödlich für jeden Darsteller, wenn das Publikum nichts versteht. Erst fragt jemand seinen Nachbarn, was der Zauberer gesagt hat und dann der Nächste. Es pflanzt sich bis in die letzte Reihe fort. Es entsteht eine Unruhe, bei der sogar ein Profi Schwierigkeiten hat, sie zu beenden. Deshalb lautet die oberste Devise für jeden Darsteller laut und deutlich zu sprechen, damit auch die Zuschauer in der letzten Reihe alles verstehen.

3 - Sich zu Beginn vorstellen

Es ist oft schwierig einen Anfang zu finden, vor allem, wenn man allein auf der Bühne steht. Ein guter Anfang ist daher, erst das Publikum zu begrüßen und sich dann selbst vorzustellen. Dies geschieht sozusagen als Einleitung zum Geschehen, damit das Publikum weiß, wer vor ihm steht. Suche dir dafür einen Künstlernamen aus. Es stellt sofort eine persönliche Verbindung zwischen Darsteller und Publikum dar.

Bekannte Namen für Zauberer sind z.B. David Copperfield, die Ehrlich Brothers, Kalanag, Siegfried und Roy usw.

4 - Nie mit dem Rücken zum Publikum stehen

Es geht nicht nur darum, dass es unhöflich ist, den Zuschauern den Rücken zuzuwenden. Das Publikum sieht in erster Linie nicht, was vor sich geht. Zudem hört es nicht, was gesagt wird. Unaufmerksamkeit, aus der wiederum Unruhe entsteht, ist die Folge. Deshalb ist es wichtig von Angesicht zu Angesicht vor dem Publikum zu stehen, damit die Verbindung nicht abbricht. Ausnahmen sind wieder, wenn die Rolle etwas anderes vorschreibt.

5 - Das Publikum anschauen beim Reden und Spielen.

Die geschaffene Verbindung und die damit verbundene Aufmerksamkeit zwischen Darsteller und Publikum werden, wenn der Darsteller es anschaut und anredet, erhalten. Es ist nicht ratsam nur auf einen Punkt im Publikum zu starren oder nur auf die Zuschauer der ersten Reihe. Der Blick sollte von einem Zuschauer zum anderen wandern, damit sich jeder angesprochen fühlt und der Zauberer alles überblicken kann. Lassen es die Lichtverhältnisse wegen zu greller Scheinwerfer nicht zu, jeden Zuschauer zu erkennen, so wird der Anblick trotzdem visionär angedeutet. Dies aber möglichst nicht mit zugekniffenen Augen.

Kein Zuschauer, der das Gefühl hat, direkt vom Darsteller angeschaut zu werden, wird jetzt noch unaufmerksam sein und sich vom Bühnengeschehen abwenden.

6 - Nie das Ergebnis vorwegnehmen

Dies habe ich bereits im Zusammenhang mit dem Tuchtrick erklärt. Niemals sollte das Ergebnis vorher gesagt werden. Wenn ich sage "Ich zeige Euch jetzt, wie ich das Tuch in einen Ball verwandle", suchen die Zuschauer das Versteck des Balles. Sie sind nicht mehr überrascht, wenn dies wirklich passiert, da sie es bereits wussten.

7 - Nichts anmerken lassen, wenn etwas schief geht

Jedem kann einmal etwas daneben gehen, sogar den Profis. Das macht weiter nichts. Es ist wichtig, sich nichts anmerken zu lassen. Bloß nicht anfangen zu fluchen. Locker bleiben, einfach weiter spielen, wenn es möglich ist. " Improvisieren ist alles", sagt man so schön.
Das Publikum weiß nicht, was passieren soll. Es kennt nicht den Ablauf. Meistens denken die Zuschauer das sei so geplant und es gehört zur Vorführung dazu.

8 - Zum Schluss verbeugen

Um dem Publikum ein Zeichen zu geben, dass die Darbietung zu Ende ist, ist die Verbeugung geradezu ideal.

Die Zuschauer fangen spätestens bei der Verbeugung an zu applaudieren. Es ist eine Ehrerbietung und Danksagung an das Publikum, dass es so lange zuhört und applaudiert.

9 - Nicht reden während applaudiert wird

Dies ist einer der größten Fehler, der immer wieder gemacht wird. Wenn die Zuschauer applaudieren, z.B. bei einem Zwischen- oder Szenenapplaus während der Darbietung, sollte der Zauberer auf keinen Fall weiter sprechen. Er kann eine kleine Pause einlegen und warten, bis der Applaus zu Ende ist. Dann kann er weiter sprechen. Ansonsten könnten den Zuschauern wichtige Details entgehen. Sie sind dankbar dafür und zufrieden und konzentrieren sich auf den folgenden Ablauf.

Wichtig sind die Wechselbeziehungen zwischen Darsteller und Publikum. Der Zuschauer muss überzeugt werden, dass auf der Bühne wirklich ein Wunder geschieht, das er sich nicht erklären kann.

Assistenten auf der Bühne

Ein wichtiger Faktor für die Vorstellung, sind Assistenten aus dem Publikum. Sie bringen Abwechslung in das Geschehen und sind oft der Anlass für einen Zwischenapplaus.

Man bedenke, dass Assistenten nicht gewöhnt sind vor Zuschauern auf der Bühne zu stehen. Fragt der Zauberer "Und nun brauche ich einen Assistenten oder eine Assistentin", kommt es vor, dass sich Kinder nicht freiwillig melden. Findet sich jemand, bittet man ihn zu sich zu kommen. Findet sich niemand wird jemand, der einem angemessen erscheint, ausgewählt und zu sich gebeten.

Man achtet darauf, dass er oder sie nicht mit dem Rücken zum Publikum steht. Sollte dies der Fall sein, bittet man ihn höflich sich umzudrehen, gibt ihm die Hand und fragt ihn nach seinem Namen. Er wird vorgestellt, und der Darsteller bittet um einen großen Applaus, der gerne vom Publikum gegeben wird.

Stets sollte der Assistent der Sieger sein. Die Aufgaben, die man ihm erteilt, sollten leicht zu lösen sein, damit er locker bleibt und sich nicht fürchtet. Ist der Assistent noch sehr jung, sorgt er oft durch seine Art für kleine Lacher und erhöht die Aufmerksamkeit des Publikums. Man muss nur darauf achten, dass er auch den Ablauf des Tricks versteht. Er sollte höflich behandelt werden, um ihm die Angst zu nehmen und um zukünftigen Assistenten zu zeigen, dass es Spaß macht auf der Bühne zu stehen.

Ein Vorschlag ist, dem Assistenten eine Belohnung zu geben, dafür, dass er geholfen hat, z.B. einen Zaubertaler aus Schokolade.
Kein Witz sollte auf Kosten der Assistenten ablaufen, sonst wären sie mit Sicherheit das letzte Mal Assistenten gewesen.

Beim Einüben der Tricks gehört der Umgang mit Assistenten auf jeden Fall mit dazu. Ist der Trick zu Ende und hat er seine Aufgabe erfüllt, bedankt man sich bei ihm, bittet ihn wieder Platz zu nehmen, und er empfängt natürlich noch einmal einen großen Applaus. Danach verbeugt sich der Zauberer und fährt im Programm fort.

Musik auswählen

Einige Nummern können ohne sprechen vorgeführt werden. Sprache würde dabei nur ablenken und nicht die richtige Stimmung erzeugen. Für diese Nummern stellt die passende Hintergrundmusik eine wichtige Passage dar.

Die Stimmung der Vorführung wird verstärkt und hervorgehoben, wodurch Gefühle entstehen. Durch Musik können unsere Emotionen traurig oder beschwingt sein, aufgeregt, oder sie versetzt uns in mystische Regionen. Nur zu genau kennt das Fernsehen die Wirkung von Musik, die es in allen Filmen bewusst einsetzt.

Doch es gibt auch noch andere Situationen während der Vorstellung, in denen Musik im Hintergrund angebracht ist. Es dient dazu die Zeit zwischen den einzelnen Szenen zu überbrücken.

Zu Beginn, wenn das Publikum den Saal betritt und seine Plätze einnimmt, entsteht eine spannungsvolle Erwartungshaltung bis die Vorstellung beginnt. Das kennen wir alle, wenn wir ins Theater gehen.

Um das Publikum gefühlsmäßig auf die bevorstehende Darbietung einzustimmen, ist eine dafür ausgewählte Musik angebracht. Eine Möglichkeit für unsere Zaubervorstellung bietet uns Zirkusmusik, die natürlich zu der Aufführung passen muss.

Geeignete Musik ist:

Queen - It's a kind of magic
Queen - We are the champions
Vangelis - Conquest of paradise
Vangelis - Chariot's of fire
Europe - It's a final countdown
Wayne - Eve of the war
Axel. F. - Faltermeyer
Charlie Chaplin - Limelight
Michael Jackson - Heal the world
Tina Turner - The best
Andreas Vollenweider - Caverna magica
Art of noise - Moments in love
Various – Manege Frei! Zirkus Musik Klassiker
Hartmut E. Höfele – Showmusik für Zirkuskinder
Various Arts – Wir spielen Zirkus

Die Reihenfolge der Tricks festlegen

Wenn alle Tricks geübt und gebastelt sind, lege die Reihenfolge der Tricks fest. Beginne mit einem einfachen Trick. Zum Schluss ende mit einem Höhepunkt, so dass der Schwierigkeitsgrad der Darbietungen während der Vorstellung zunimmt und die Spannungskurve steigt.

Die Musik- und Sprechnummern sind abwechselnd vorzuführen. Genauso ist es ratsam, dass Tricks mit und ohne Assistenten sich ablösen.
Da die Zuschauer zu Anfang noch etwas unsicher sind, wähle für die erste Darbietung keinen Trick aus, bei dem du einen Zuschauerassistenten benötigst. Dies sollte erst ab dem zweiten Trick in Erwägung gezogen werden.

Abwechslung ist die oberste Devise. Spannung sollte sich mit Entspannung ablösen und aufregendes mit ruhigem.

Die Begrüßung der Zuschauer

Eine Ansage zur Begrüßung könnte folgendermaßen aussehen:
"Guten Tag mein sehr verehrtes Publikum. Ich begrüße Euch recht herzlich zu meiner Zaubervorstellung. Es

freut mich sehr, dass ihr so zahlreich erschienen seid.

Bitte hebt einmal den rechten Arm in die Höhe. Hebt ihn waagrecht ausgestreckt vor Euren Körper (du machst alle Bewegungen vor. Das Publikum macht die Übung mit. Warte bis alle ihren Arm ausgestreckt haben), und dann den linken Arm auf die gleiche Höhe heben.

Die Hände langsam zusammenführen, bis sie zusammentreffen (es entsteht ein Klatschgeräusch). Wieder auseinander und wieder zusammen und immer schneller (bis Applaus entsteht, hierbei wird das Publikum zum ersten Mal zum Mitmachen animiert).

Es entsteht ein nettes Geräusch, und immer wenn Euch etwas gefällt, dann lasst mich bitte dieses Geräusch hören (das Publikum entkommt seiner steifen Atmosphäre und wird von Anfang an locker und auf Applaus eingestimmt)".

4. Modellierballons

Figuren aus Modellierballons

Luftballons bieten, mit ihren bunten Farben, einen besonderen Reiz für eine Zaubervorstellung. Eine außergewöhnliche Art der Ballons sind Modellierballons. Man kann sie kneten, quetschen, drücken, verdrehen und allerlei verrückte Figuren, Tiere oder Gegenstände daraus formen. Dies zu beobachten ist für die Zuschauer sehr spannend.

Marvin Hardy, ein bekannter Ballonmodelleur, stellt die faszinierendsten Figuren damit her. Es gibt quasi nichts, was er nicht modellieren kann. Er hat sogar ein Kleid modelliert, das bei einer Modenschau getragen wurde.

Ballons eignen sich auch bestens als kleines Präsent und Dankeschön, das man einem Assistenten für seine Mithilfe überreichen kann.
Man kann sie in eine Zaubervorstellung mit einbauen, sie erscheinen lassen, oder sie selbst einen Trick ausführen lassen.

Kaufen kannst du die Ballons in Ballonläden, Spielwaren-, Jonglier- oder Zauberläden.
Da sie sich schwer mit dem Mund aufpusten lassen und in den Ballons Chemikalien enthalten sind, damit sie nicht verkleben, ist es ratsam eine Ballonpumpe (mit einer spitzen Öffnung) zu benutzen. Diese Pumpen haben eine doppelt wirkende Pumpkraft. Sie blasen Luft

beim Ziehen und Drücken des Pumpkolbens in den Ballon hinein.

Im Handel gibt es verschiedene Formen der Ballons, dicke, dünne, lange oder kurze. Bewährt hat sich das Format 260. Diese Ballons sind aufgeblasen ca. 140 cm lang und haben einen Durchmesser von ca. 4 cm. Besorge dir am Besten einen Beutel mit 100 Stück, damit sie zum Üben und für die Aufführung reichen.
Zum Bemalen der Ballons eignen sich wasserfeste Stifte in sämtlichen Farben. Schwarz ist fast immer zu gebrauchen.

Max, der Ballonhund

Wie modelliert man einen Hund aus einem langen, dünnen Ballon? Hier findest du die Anleitung.

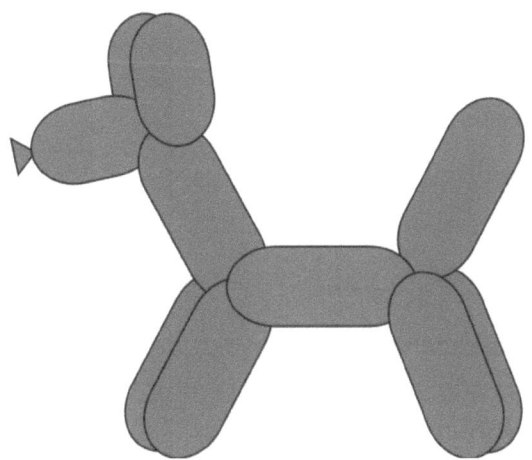

Materialien: Modellierballon, Ballonpumpe

Ziehe den Ballon zuerst in die Länge, um ihn zu dehnen. Blase ihn nicht voll auf. Lasse ca. 12 cm unaufgeblasen. Hast du zu viel aufgeblasen, kannst du auch wieder Luft herauslassen. Beim Modellieren der einzelnen Ballon-bubbles (Blasen) schiebt sich immer Luft nach hinten, die Platz braucht.

Wenn nichts mehr frei ist, würde der Ballon zu dick und würde platzen. Verknote den Ballon. Fange immer vor-ne am Knoten an zu kneten.

Anleitung:
Zuerst werden 3 Ballonbubble hergestellt. Ziehe den Ballon vor dem Aufblasen ein paar Mal in die Länge, um ihn zu dehnen.

Setze die Pumpe auf das Mundstück und blase den Bal-lon auf, sodass ein kleiner Zipfel noch übrigbleibt. Lasse wieder etwas Luft heraus, sodass ein Zipfel von 6 cm unaufgeblasen bleibt.

Nach 8 cm Abstand vom Mundstück drücke den Ballon mit Daumen und Zeigefinger ein, und drehe die entstan-dene Blase dreimal um sich selbst.

Halte die erste Blase mit deiner Hand fest und drehe nach 8 cm eine weitere Blase in dieselbe Richtung ab.

Klappe nun den Ballon um, sodass die Blase neben der zweiten liegt. So kannst du die Blase 1 und 2 locker festhalten.

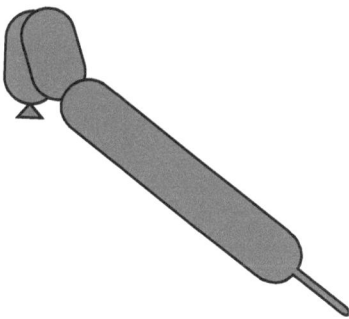

Drehe noch eine weitere 8 cm Blase ab. Drücke die erste und zweite Einbuchtung zusammen und drehe die Blasen 2 und 3 mehrmals zusammen. Wenn du loslässt sind die 3 Bubbles fixiert.

Du hast den Kopf geformt. Eine Nase mit zwei Ohren.

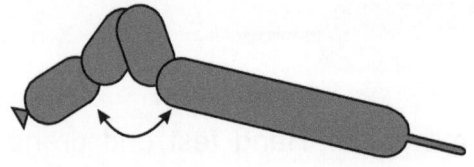

Nimm den Ballon in deine linke Hand. Drehe nach 8 cm eine Blase ab, die den Hals ergibt. Halte den Bubble weiterhin fest.

Für die Vorderbeine erstelle noch 2 Bubbles mit je 8 cm Länge, die du miteinander verdrehst, also genauso, wie du den Kopf geformt hast.

Klappe das zweite Vorderbein neben das erste und verdrehe sie an der Einbuchtung. So sind sie fixiert.

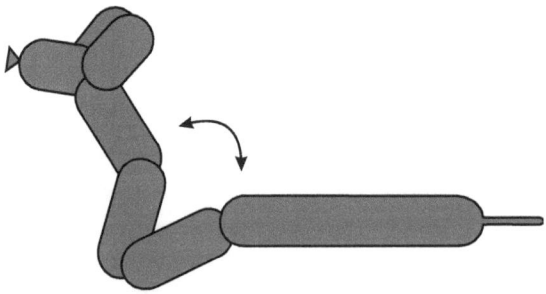

Für den Bauch drehe eine 15 cm lange Blase ab. Halte sie fest, damit sie sich nicht aufdreht.

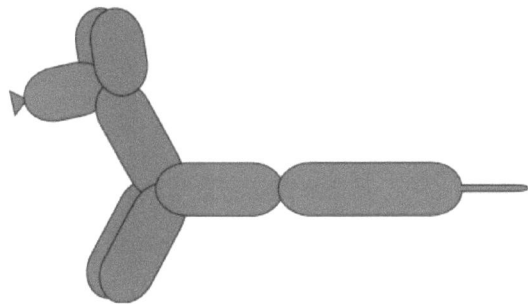

Wenn der Ballon zu prall ist, drücke auf den Bubble und schiebe etwas Luft zu dem unaufgeblasenen Zipfel hin.

Nun kommen die Hinterbeine an die Reihe. Erstelle dafür erneut 2 Blasen mit je 8 cm Länge. Verdrehe sie wie die Vorderbeine.

Der Ballonrest ergibt den Schwanz. Sollte ein kleiner Nippel unaufgeblasen sein, der dich stört, dann schiebe etwas Luft aus dem Schwanz dort hinein. Nimm den Schwanz in beide Hände und drücke die Luft nach oben.

Der Hund ist fertig

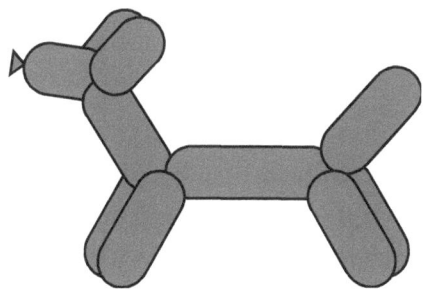

Wenn du Lust hast kannst du jetzt den Ballon mit einem

wasserfesten Stift bemalen. Male ihm Augen, Schnurr-barthaare und was dir noch so alles einfällt.

Eine Maus

Lasse 2/3 des Ballons unaufgeblasen. Wenn du die Bubbles nur wenige Zentimeter groß machst, wird die oben beschriebene Figur kleiner. Dann entsteht eine Maus.

Eine Giraffe

Eine Giraffe kannst du ganz einfach erstellen. Lasse 8 cm unaufgeblasen. Modelliere den Halsbubble der Hun-defigur länger.

Ein Pudel

Für den Pudel brauchst du am Ende des Ballons noch etwas Platz, da dort ein kleiner runder Ballon erscheinen soll. Lasse ca. 15 cm des Ballons unaufgeblasen. Der Körper wird kleiner gestaltet. Mache einen 6-7 cm gro-ßen Bubble.

Das lange Stück an dem Hundeschwanz stecke in den Mund. Sauge daran und drücke gleichzeitig die Luft aus dem Schwanz mit deinen Fingern nach oben. Schon entsteht ein kleiner runder Bubble am Ende. Dies ist das Markenzeichen eines Pudels.

Zaubern mit dem Pudel

Gehe mit der rechten Hand über die Ballonkugel am Schwanzende des Pudels.

Nimm den Bubble in deine Faust. Drücke die Luft zurück in den Schwanz. Deute an, als ob du diese Blase mit der Hand abziehst und puste die unsichtbare Kugel in die Luft. Sie ist weggezaubert.

Zaubere sie wieder herbei, indem du die Prozedur umgekehrt wiederholst. Greife in die Luft und halte einen unsichtbaren Bubble fest.

Lege ihn in deinen Mund. Führe die Schwanzspitze in deinen Mund und sauge daran.

Schon ist er wieder am Ballonhundeschwanz.

Animation mit dem Pudel

1. Klemme den Hund unter deinen rechten Arm, sodass du den Hals mit der rechten Hand erfassen kannst.

2. Erzähle, dass Max ein sehr aufgeweckter Hund ist. Drehe den Hals hin und her, sodass der Kopf in mehrere Richtungen schaut.

3. Nimm mit der linken Hand aus deiner Hosen- oder Jackentasche unsichtbares Futter heraus und halte es ihm vor die Schnauze.

4. Bewege die Schnauze zu deiner Hand und mache ein paar Fressbewegungen. So erwacht Max, der Ballonhund zum Leben.

5. Halte den Hund mit der linken Hand fest und nimm seinen Schwanz zwischen deinen rechten Daumen und Zeigefinger. Bewege den Schwanz hin und her.

6. Erkläre, dass dies ein Zeichen der Freude ist, wenn es ihm geschmeckt hat.
7. Max hört auf's Wort. Nur darfst du nicht sagen „Mach Platz", sonst platzt er.

Diese Animation ist besonders für kleinere Kinder eine große Freude.

Max, der Kartenzauberer

Doch Max, der Ballonpudel, kann noch mehr. Er kann sogar zaubern. Am liebsten zaubert er mit Karten.
Das erfordert jedoch etwas Fingerspitzengefühl und ist daher eher für ältere Kinder geeignet.

Materialien:
1 Ballonhund, Kartenspiel mit Schachtel, Tisch

Darsteller
Ein Zauberer, ein Assistent aus dem Publikum

Effekt
Der Assistent zieht eine Karte aus dem Stapel und gibt sie wieder zurück.
Der Stapel wird in die Schachtel gegeben und ver-schlossen. Max, der Ballonhund, zieht aus der Schachtel die Karte des Zuschauers heraus.

Erklärung

1. Teil: Die Präparation des Kartenspiels

1. Nimm das Kartenspiel aus der Schachtel und fächere es auseinander. Der Assistent darf irgendeine Karte herausziehen. Er schaut sie sich an und zeigt sie dem Publikum.

2. Der Fächer wird zusammengeschoben. Das Kartenspiel liegt in deiner linken Handinnenfläche. Der Daumen liegt links am Stapel, der Zeigefinger oben und die restlichen Finger rechts am Stapel.

3. Halte in der Mitte einen Spalt, indem du den Daumen zwischen die Karten schiebst. Die obere Hälfte halte mit der rechten Hand fest, der Zeigefinger ist links und der Daumen unten am Stapel. In diesen Spalt schiebt der Assistent seine Karte.

4. Die Schachtel liegt neben dir auf dem Tisch. Der Assistent steht auf der anderen Seite. Drehe dich zur Schachtel hin. Während der Drehbewegung ziehe den oberen Stapel ab und schiebe ihn unter das Kartenspiel. Das geht sehr schnell, sodass es nicht wahrnehmbar ist. Gut Üben!

Die gezogene Karte befindet sich nun oben auf dem Stapel.

5. Die Schachtel hat oben eine Lasche und vorne eine Einkerbung, zum leichteren Hineinschieben der Lasche.

6. Schiebe den Stapel in die Schachtel, sodass die Bildseite an die hintere Seite der Schachtel zeigt und die gezogene Karte an der Einkerbung liegt.

Schiebe die Lasche hinter der ersten Karte hinein, sodass sie sich zwischen der ersten und zweiten Karte befindet. Drücke zur Hilfe links und rechts an der

Schachtel, dann spreizen sich die Karten etwas. Die Karte schaut an der Einkerbung heraus. Lege die Schachtel auf den Tisch, mit der Einkerbung nach unten, sodass die Karte nicht zu sehen ist.

II. Teil: Max zieht die Karte

1. Halte den Ballonhund mit der rechten Hand fest. Die Schachtel drücke zwischen Schnauze und Hals. Max lässt die Schachtel fallen.

2. Dann wiederhole es, dabei schiebe die Karte, die in der Einkerbung herausschaut, mit dem linken Daumen 1 cm aus der Schachtel heraus. Die Bubbles, der Kopf, ergreifen die Karte. Sie hält sich daran fest.

Wenn du die Schachtel sinken lässt, klemmt die Karte an der Schnauze fest.

Max hat die Karte des Zuschauers herausgezogen. Bravo!

Tipp:

Um die Karte leichter herausschieben zu können, schneide auf der Seite der Einkerbung ein ovales Loch von ca. 2 cm Breite und 6 cm Länge hinein.

Wenn du die Schachtel in der linken Hand hältst, kannst du die Karte mit dem Daumen herausschieben, so dass der Ballonpudel sie leichter greifen kann.

Vorsicht, dass der Zuschauer die Öffnung nicht sieht! Lege die Schachtel immer mit der Öffnung nach unten auf den Tisch.

Vorführung

Bitte einen Assistenten zu dir zu kommen. Forme aus einem Ballon einen Hund.

Es bleibt dir überlassen, ob er bereits aufgepustet ist, oder ob du ihn noch aufbläst.

Stelle Max, den Ballonhund vor. Lasse den Assistenten eine Karte ziehen, der merkt sie sich und zeigt sie dem Publikum. Die Karte gibt er zurück in den Stapel.

Schiebe den Stapel zurück in die Schachtel, die auf dem Tisch liegt.

Halte Max fest. Führe die Schachtel an seine Schnauze. Sie fällt runter.

Sage, dass Max sehr aufgeregt ist. Rede ihm gut zu und versuch es noch ein zweites Mal. Diesmal hält Max die Karte fest. Er bekommt einen Applaus.

Der Assistent bekommt Max als Dankeschön mit nach Hause. Verabschiede deinen Assistenten und verbeuge dich.

5. Zauberhafte Spiele

Wenn du ein Fest feierst, spiele mit deinen Gästen Zauberspiele. Hier sind einige Vorschläge:

Zauberstabkriegen

Ein Kind wird als Zauberer bestimmt. Es bekommt einen Zauberstab. In einem abgesteckten Feld können sich die Kinder bewegen.

Der Zauberer muss nun versuchen die Kinder zu verzaubern. Das passiert indem er die Kinder mit dem Zauberstab berührt. Dann müssen sie sofort stehen bleiben. Sie sind versteinert.

Doch sie können von ihren Mitspielern entzaubert werden. Die noch freien Mitspieler können durch die Beine des versteinerten Kindes kriechen. Somit ist der Zauber aufgehoben, und das Kind darf weiter spielen. Der letzte noch freie Mitspieler darf als nächstes die Rolle des Zauberers übernehmen, und das Spiel beginnt von vorn.

Zipp-Zapp

Alle Kinder sitzen in einem Stuhlkreis. Einer der Teilnehmer steht in der Mitte des Kreises. Für ihn ist kein Stuhl reserviert. Diese Person sucht sich einen Mitspieler im Kreis aus, geht zu ihm und sagt z.B. "Zipp". Das angesprochene Kind sagt darauf den Namen seines linken Nachbarn.

Sagt er aber "Zapp", so sagt es den Namen seines rechten Nachbarn.

Die dritte Möglichkeit ist "Zipp-Zapp". Hierbei stehen alle Kinder auf und suchen sich einen neuen Platz.

Derjenige, der keinen Platz gefunden hat, muss nun das Spiel fortsetzen. Das Spiel ist zu Ende, wenn sich alle ausgetobt haben. Es gibt hierbei keinen Gewinner oder Verlierer.

Klopfen

Alle Kinder setzen sich in einen Stuhlkreis, und zwar so dicht, dass sie ihre linke Hand auf das rechte Knie ihres linken Nachbarn legen können und die rechte Hand auf das linke Knie des rechten Nachbarn. (Verstanden?) Das ist der Ausgangspunkt für das Spiel.

Die ausgewählte Richtung ist der Uhrzeigersinn. Du beginnst. Es wird der Reihe nach mit der Hand einmal geklopft. Das ist nicht so einfach, wie es sich anhört. Leicht wird die Hand des Nachbarn übersehen, die in der Reihe vor einem liegt. Haben es alle verstanden, wird noch eine Variante eingebaut. Man hat die Möglichkeit zweimal kurz hintereinander zu klopfen. Dann ändert sich die Richtung und der vorherige Nachbar ist wieder an der Reihe.

Hat jemand falsch geklopft, so muss er seine Hand aus dem Spielgeschehen nehmen. Gewonnen hat derjenige, dessen Hand als letzte noch im Spiel ist.

Dieses Spiel erfordert eine hohe Konzentration, bereitet aber viel Spaß.

Spiel: Schwarze Magie

Dieses Spiel ist immer wieder verblüffend für alle Mitspieler. Es geht hierbei um Hellsehen. Ein Kind weiß genau, welchen Gegenstand sich die anderen Mitspieler aussuchen.

Die Hellseherin geht vor die Tür, wo sie die anderen nicht hören kann. In der Zwischenzeit wählen die Kinder einen Gegenstand aus, der sich im Raum befindet, z.B. einen blauen Stuhl.

Die Hellseherin wird hereingebeten. Frage sie nach mehreren Gegenständen. "Ist es die rote Lampe?" Die Hellseherin verneint dies. "Ist es die schwarze Schachtel?" "Nein." "Ist es der blaue Stuhl?" Die Hellseherin bejaht den Gegenstand.

Auflösung: Bevor der richtige Gegenstand genannt wird, geht ihm immer ein schwarzer Gegenstand voraus. Der darauf folgende Gegenstand ist also der gewählte.

6. Tipps zum Auftritt

Gesichter Schminken

Mit Hilfe des Schminkens können die Menschen anders aussehen. Auf der Bühne, oder im Theater können sie der Rolle, in die sie schlüpfen, mehr Ausdruck verleihen. Ein geschminktes Gesicht erkennt man nicht immer auf den ersten Blick, aber man erkennt die Rolle, die es unterstreicht, als die man verkleidet ist, ob Räuber, Opa, Tier, Löwe, oder Maus.

Auch Kinder lieben es sich zu schminken und dann ganz anders auszusehen. Auch für die Zaubervorstellung kannst du dieses Hilfsmittel einsetzen.

Das einzige was man außer Schminke dazu braucht ist eine ruhige Hand und etwas Fantasie.

Für den Anfang oder zur Überbrückung reicht der Lippenstift oder Kajalstift aus Mutters Schminkkoffer aus.

Wer ausgefallenere Schminkgesichter gestalten möchte, sollte sich diverse Schminkutensilien zulegen. Du solltest zu guten Markenschminkstiften greifen oder sogar einen Schminkkasten mit mehreren Farben wählen. Lege dir zum auftragen Pinsel und Schwamm zu.

Viele Kinder haben eine empfindliche Haut oder neigen zu Allergien. Aus diesem Grund ist es ratsam nur wirklich gute Schminke zu besorgen, da die Gefahr besteht, dass die billigen Allergieauslöser enthalten können.

Wie jeder aussehen möchte bleibt jedem selbst überlassen und kommt auf die Rolle an, die gespielt wird.

Die Augenbrauen können beispielsweise verändert werden, um einen anderen Ausdruck zu bekommen. Mit etwas Makeup werden die eigenen Brauen abgedeckt und die neuen Brauen an einer anderen Stelle gezeichnet. Oder es wird einfach die Form verändert.

Wenn du einen roten Punkt in den Augenwinkel neben der Nase malst, fangen die Augen an zu leuchten.

Das Gesicht kann durch einen Schnurbart verändert werden. Oder male die Lippen und Wangen rot an, um im Rampenlicht nicht so blass auszusehen.

Nach der Vorstellung wird abgeschminkt. Hierfür sollten Papiertaschentücher, Fettcreme und ein Spiegel bereit stehen.

Die Fettcreme wird über das ganze Gesicht geschmiert. Mit dem Taschentuch wird alles abgewischt. Das kann öfters wiederholt werden, um das Gesicht richtig sauber zu bekommen. Danach wird das Gesicht mit Wasser und Seife abgewaschen.

Dekorieren für die Vorstellung

Schaffe vor der Aufführung ein zauberhaftes Ambiente. Das ist das i - Tüpfelchen. Wenn die Zuschauer den Raum betreten, sind sie überwältigt von der betörenden Ausstrahlung.

Als Dekoration bieten sich Luftballons an. Du kannst sie im gesamten Raum an den Wänden anbringen.

Eine weitere Möglichkeit besteht darin, den Bühnenhintergrund zu schmücken. Um den Bühnenrand zu betonen, können sie an einer Schnur befestigt werden, die um die Bühne hängt.

Ein anderer Vorschlag ist, dass du ein großes Bild malst, wozu sich die Makkulaturrolle eignet. Du kannst es als Bühnenhintergrund benutzen. Überlege dir ein Zaubermotiv, dass du mit Farbe aufs Papier bringst.

Du kannst Schattenbilder anfertigen. Man befestigt hierzu ein großes weißes Blatt an der Wand. Setze ein Kind davor und strahle es mit einer Lampe an.

Auf dem Blatt ist der Schatten zu sehen, der die Umrisse des Kopfes darstellt. Zeichne die Umrisse nach, und schneide sie aus. Dies gilt nun als Schablone, die du auf ein schwarzes Blatt legst und auch diesmal die Umrisse nachmalst und ausschneidest. Schon hast du einen perfekten Scherenschnitt eines Kopfes in Übergröße. Die Größe richtet sich nach dem Format deiner Bühne. Als Richtlinie gelten ca. 30 - 40 cm. Variiere die Größe, indem das Kind, dessen Kopf gezeichnet wird, weiter weg oder näher an die Wand herangeht.

Ballongirlanden als Bühnenschmuck

Als Dekoration empfehle ich Luftballons. Ich stelle dir eine Methode vor, die etwas Zeit in Anspruch nimmt. Probiere es vorher aus.

Benutzt werden Ballons im Durchmesser von 30 cm, die du entweder mit einer Ballonhandpumpe oder, falls vorhanden, mit einem elektrischen Gebläse aufbläst. Blase alle Ballons gleichgroß auf. Pro Meter brauchst du ca. 24 Stück.

- Je 2 Ballons werden zu einem Paar zusammengeknotet, z.B. je zwei weiße und je zwei andersfarbige.

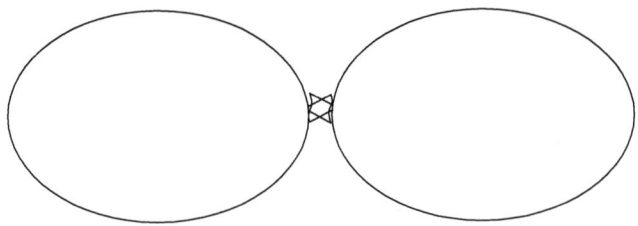

- Jeweils 2 Ballonpaare werden an der verknoteten Stelle miteinander verbunden.

Lege die Ballonpaare übereinander. Drehe Ballon A und B, so dass sie ihre Plätze wechseln. Drehe sie noch einmal, so dass sie ihren ursprünglichen Platz wieder eingenommen haben. Die Ballons sind nun in der Mitte miteinander verbunden. Es entsteht ein vierblättriges

Kleeblatt. Dies ist unsere Grundform, mit der wir weiter-arbeiten.

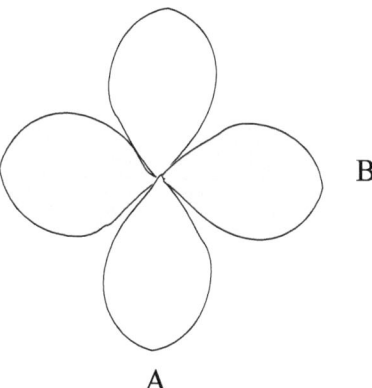

B

A

Wenn du die Ballons abwechselnd 2-farbig gestaltest entsteht ein spiralförmiges Gebilde. Sieben bis acht solcher "Ballonkleeblätter" brauchst du für einen Meter.

- Nimm eine stabile Schnur, z.B. Angelschnur. Messe die gewünschte Länge, die es zu dekorieren gilt, und rechne am Anfang und am Ende noch einen Meter zum Befestigen hinzu. Schneide es ab.
Nimm diese Ballonkleeblätter und knote die Schnur um die Mitte. Lege ein weiteres Kleeblatt auf das erste, so dass die Ballons in der Lücke zwischen den Ballons liegen.
Schlinge das Seil zweimal um die Mitte des zweiten Gebildes. Es ist nun arretiert. Die beiden Kleeblätter sind aneinander befestigt.

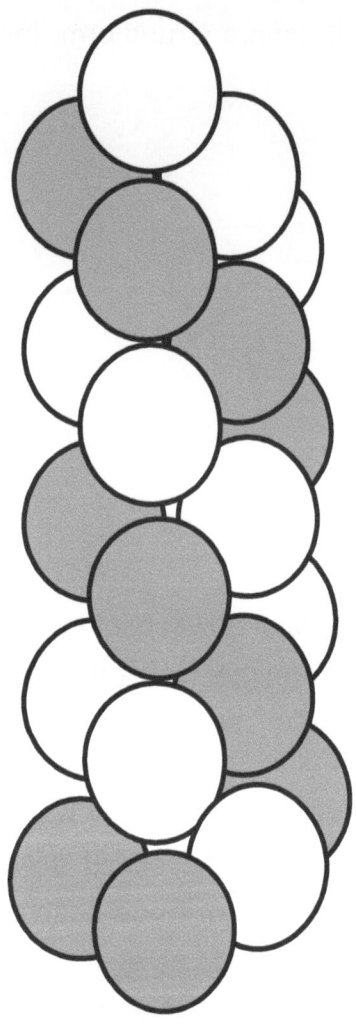

Wenn du mehrere solcher Ballonkleeblätter an der Schnur übereinander befestigst, ergibt es eine tollaussehende Girlande, die du ganz nach deinen Wünschen gestalten kannst, z.B. als Torbogen am Eingang, oder als Bühnenschmuck rund um die Bühne herum.

7. Weitere Möglichkeiten Zauberei zu lernen

Zaubern im Internet

Die Entwicklung schreitet rasend schnell voran. Schon heute findest du viele Informationen von zuhause aus. Das Zauberwort heißt: Internet. Der Computer bringt uns ungeahnte Möglichkeiten.

Wähle eine bekannte Suchmaschine aus, z.B. Google. Tippe ein Wort oder Fachgebiet ein. Das kann „Zaubern", „Zauberei", „Zaubertricks", „Seifenblasen" oder ähnliches sein. Schon erhältst du eine Menge Seiten an Informationen dazu.

Frage nach Händlern, die Ihre Webseite vorstellen. Du kannst Zauberbücher direkt zu dir nach Hause bestellen, Adressen abfragen, dich mit anderen Zauberern austauschen, Termine für Zauberveranstaltungen erfragen, Zaubertricks ersteigern oder Trickbeschreibungen erfragen. Fast alles ist möglich.

Eine andere Möglichkeit ist eine bestehende Adresse einzugeben und detaillierte Auskunft zu bekommen, z.B. das Angebot eines Zauberladens.

Videos über Zaubern findest du bei YouTube. Meinen Kanal findest du hier.

www.youtube.com/diezauberkiste

Besuche mich auch bei Facebook:
www.facebook.com/diezauberkiste

Schau auch auf meiner Webseite vorbei. Da findest du alle meine Bücher. Viele kostenlose Downloads zum Thema Zaubern, Spiele und Basteln.
www.die-zauberkiste.de

Viele Bastel- und Spielideen findest du auf meinem Account bei Instagram.
https://instagram.com/susanne_rennert

Zaubermond

In Vellmar arbeitete ich seit 1988 mit meiner Kollegin Pia-B. Bluhm zusammen. Gemeinsam bauten wir die Gruppe Zaubermond auf. Die meisten Jugendlichen sind von Anfang an dabei.

Wir stellten mehrere Zauberprogramme auf und gaben regional und überregional viele Aufführungen. Wir erarbeiteten viele Profitricks. Die Kinder strotzen vor Selbstbewusstsein und entwickelten eine große Eigendynamik. Mittlerweile geben Sie ihre eigenen Auftritte auf Kindergeburtstagen und Kinderfesten.

Urkunde

als
Zauberer/in

Hiermit wird bestätigt, dass

_____

an der Zauberwerkstatt als Zauberlehrling

am _____

teilgenommen hat.

Er/Sie hat mit Auszeichnung in der Zaubervorstellung
die Zaubertricks vor einem großen Publikum vorgeführt.
Als Zauberer kann er/sie die Zauberei in der ganzen Welt
vorführen.

_____   _____
Datum   Unterschrift

Diese Urkunde kannst du dir ausstellen, wenn du die Zaubertricks aus dem Zauberbuch gelernt und vorgeführt hast.

Literaturhinweise:

Zum Vorlesen:

Paul Gallico
Adam der Zauberer
Rowohlt Taschenbuch Verlag GmbH,
Reinbek bei Hamburg, 1995

Michael Ende
Der Wunschpunsch
Thienemanns Verlag Stuttgart

Joanne K. Rowling
Harry Potter und der Stein der Weisen
Harry Potter und die Kammer des Schreckens
Harry Potter und der Gefangene von Askaban
Harry Potter und der Feuerkelch
Harry Potter und der Orden des Phönix
Harry Potter und der Halbblutprinz
Harry Potter und die Heiligtümer des Todes
Carlsen Verlag, Hamburg

Ottfried Preußler
Die kleine Hexe
Thienemann Verlag, Stuttgart, 1971

Der Räuber Hotzenplotz

Thienemann Verlag, Stuttgart, 1962
Knister
Hexe Lilli macht Zauberquatsch
Arena Verlag, Würzburg 1998

Valerie Thomas und Paul Korky
Zilly, die Zauberin
Parabel – Verlag, München 1997

Zauberbücher

Martin Michalski
Das große Ravensburger Zauberbuch
Ravensburger Buchverlag, Ravensburg

Martin Michalski/ Ilse Keiler
Zauberbuch für Kinder
Ravensburger Buchverlag, Ravensburg

Uwe Schenk und Michael Sondermeyer
Zaubern für Kinder
Sic!-Verlag, Senden

Susanne Rennert
Meine eigene Zaubershow
Bod

Susanne Rennert
Juchhu! Ich kann Geld zaubern
Bod

Meine veröffentlichten Bücher

Ballonspiele für drinnen und draußen

Ballons sind toll. Sie sind bunt, quietschen und werden immer größer und größer. Sie sind leicht und können fliegen. Außerdem kannst du damit tolle Spiele spielen.
20 tolle Spielideen findest du in diesem Buch.
Vielleicht fallen dir auch noch eigene lustige Spiele ein, die du mit deinen Freunden spielen kannst.
Du findest Spiele, die du allein spielen kannst, mit anderen zusammen, für drinnen und draußen.
Sie sind für kleine und große Menschen und für die ganze Familie. Din A 6, 40 Seiten

Zauberhafte Tricks mit Seifenblasen

Seifenblasen sind wunderbar! Sie schweben lustig durch die Luft und schimmern in den tollsten Farben. In diesem Buch findest du anschauliche Schritt-für-Schritt Anleitungen für viele magische Tricks, Spiele und Experimente, z.B. eine kleine Seifenblase in eine große blasen. 16 Seiten, Din A 6

Erhältlich bei www.die-Zauberkiste.de

Meine eigene Zaubershow

Komm mit in das Land der Magie. Erlebe die magische
Welt der Zauberei. Stelle die Naturgesetze auf den Kopf,
und lasse das Unmögliche Wirklichkeit werden. Dein
Publikum wird begeistert sein.
Wie werden Streichhölzer magnetisch?
Wie funktioniert der Lügendetektor?
Wie wird der Geist in der Vase lebendig?
Wie befreist du einen Ring?
Du erfährst die großen Zaubergeheimnisse. Lerne ver-
blüffende Zaubertricks und begeistere deine Freunde.
Fasziniere dein Publikum mit riesigen Seifenblasen.
Präsentiere deine eigene Zaubershow.

erhältlich bei

http://www.die-zauberkiste.de

Ein kostenloses Zauberbuch bekommst du bei www.zauberbuch.eu

- Lasse ein Papierei verschwinden und an einem anderen Ort wieder erscheinen.
- Zaubere ein zerschnittenes Seil wieder ganz.
- Zaubere aus einem 5 Euro Schein einen 10 Euro Schein.

Wie du das machst? Natürlich mit der Zaubertüte. Wie du sie bastelst erfährst du in diesem Buch.

Vielen Dank an die Sponsoren:

F&L Schulorganisation GmbH & Co KG
Neubeckumer Straße 39 a
59269 Beckum
www.schulorganisation.com

Heinrich Degenhardt
Brennstoffhandel GmbH & Co. KG
Hannoversche Str. 8
34266 Niestetal
www.heizoel-degenhardt.de

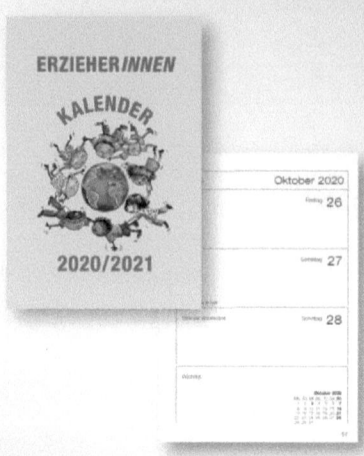

126